KLARTEXT

Bildnachweis:
Adobe Stock: ©MicroOne S. 10; ©Lumos sp, S. 71; Hans Blossey: S. 114/115; Horstmüller S. 29, 38 r., 42 o. r., 67, 101; firo sportphoto: S. 4/5, 6/7, 20/21, 22, 27, 39 o. r. und u. r., 40, 41 o. l. und u. l., 42 o. l. und u. r., 43, 45, 46, 64, 65, 70, 72/73, 75 r. und u., 81, 85, 86, 91 u., 92, 93, 95, 96, 98, 99, 103, 106, 109, 111, 112/113; Funke Foto Services/ Martin Möller: S. 58/59; Imago images: /Team 2 S. 27, /Kicker/Metelmann S. 32, /Sven Simon S. 34, 37, 39 u. l., /Werner Otto S. 46 l., 83, /Contrast S. 78/79; dpa picture-alliance: /Schirner Sportfoto S. 39 o. l., /Sven Simon S. 90, /dpa S. 91; Privatarchiv Wolfgang Fuhr S. 11, 18, 24/25, 31, 49, 51, 53, 68, 75 l., 76, 88; Oli Hilbring S. 71
Die historischen Aufnahmen aus den 20er und 30er Jahren (Seiten 12/13, 14/15, 16, 42 u. l.) sowie die Fotos auf den Seiten 38 u. l., 41 o. r. und u. r., 42 u. r., 47 und 63 sind der offiziellen Schalker Vereinschronik entnommen (100 Schalker Jahre – 100 Schalker Geschichten, Klartext Verlag, 2004)

Bibliografische Information der Deutschen Nationalbibliothek
Die Deutsche Nationalbibliothek verzeichnet diese Publikation in der Deutschen Nationalbibliografie; detaillierte bibliografische Daten sind im Internet über portal.dnb.de abrufbar.

Impressum
2. Auflage Juni 2025
Layout und Satz: Joachim Bartels
Umschlaggestaltung: Guido Klütsch, Köln
Umschlagabbildungen: Imago/Team 2 (2); firo sportphoto (2); Adobe Stock/©fotomaster, privat
Druck und Bindung: Multiprint GmbH, Slavianska Str. 10 A, Kostinbrod 2230, Bulgarien

ISBN 978-3-8375-2502-1

KLARTEXT

Jakob Funke Medien Beteiligungs GmbH & Co. KG
Jakob-Funke-Platz 1, 45127 Essen
info.klartext@funkemedien.de
www.klartext-verlag.de

Druckprodukt mit finanziellem
Klimabeitrag
ClimatePartner.com/23517-2505-1001

FSC www.fsc.org
MIX
Papier | Fördert gute Waldnutzung
FSC® C100431

Ulrich Homann

Schalke 04

Populäre Irrtümer und andere Wahrheiten

Inhalt

6 Zum Geleit
8 Wo, verdammt, liegt Schalke?
10 Auf dem Gipfel!
12 „Jau, ick dau dat“
14 Träume, Titel und ein Toter
16 Schottischer Flachpass
17 Todes- statt Sportnachrichten
18 Der Schalker (Getränke-)Markt
19 Umzug an die Hafenstraße
20 „Schalke und der FCN“
22 Zahlen und Fakten
24 Das Team der ersten (Bundesliga-)Stunde
26 Rudi Assauer, der „ewige“ Manager
28 Der Stolz der kleinen Leute
29 Dortmunder Hunde
30 Oskar, der Familienvater
32 LI-BU-DA
34 „Horvat, lass die Löwen los!“
36 Der Tag, als Norbert Nigbur unsterblich wird
38 Eine Kabine voller Legenden
43 „Die Null muss stehen“
44 Die „Tanne“ und der „Bauer“
45 Die glorreichen Vier
46 Galerie der Knipser
47 Der Pabst im Tor
48 FC Schalke 04. Eine Zeitreise seit 1945
58 „Mit der Startnummer eins ...“
60 TOPs und FLOPs bei Neuverpflichtungen
62 „Hasse ma ne Mark?“

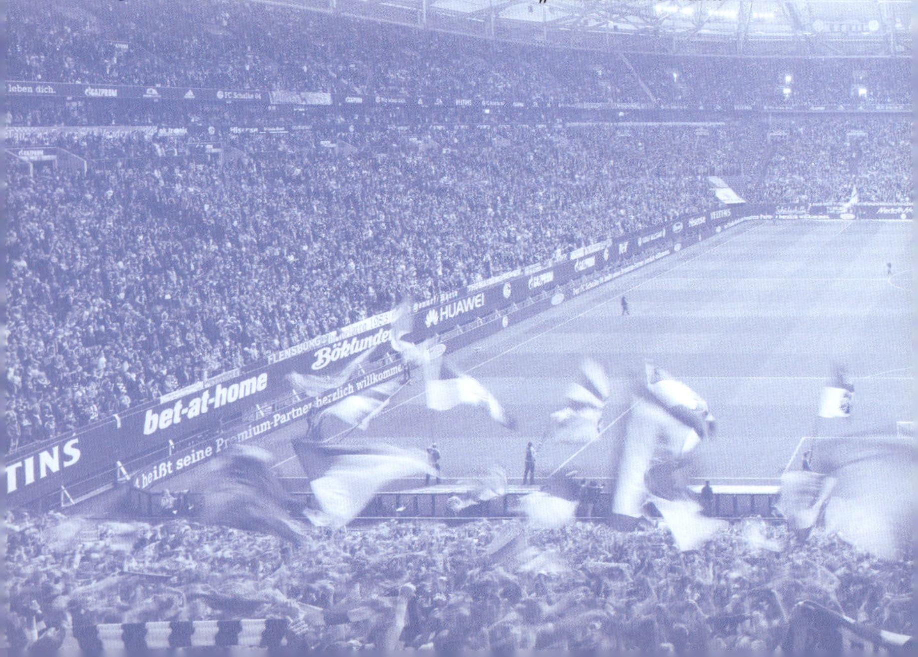

63 Das Phantom und die Müllkippe
64 Feuerwerk für den Gaucho
65 Die Sparversion
66 „Felix Krull aus Gütersloh“
68 Drei Tage mit James Bond
69 Der Retter-Rausschmiss
70 Zyniker und Zampano
72 Schalker Zahlenspiele
74 Autokorso durchs Jubelspalier
76 Berlin ist eine Reise wert
80 Spektakuläre Halbfinals – Spiele für die Ewigkeit
82 FC Meineid
84 Glanz und Elend unvergesslicher Spiele
86 Die bucklige Verwandtschaft
88 Wechselspiele
90 Sieben Mal „Vizekirchen“
94 Das ewige Trauma
96 Die Knappenschmiede
98 „Ich werde nie zum FC Bayern gehen“
99 Señor bleibt unvergessen
100 Heulen für Schalke
102 Europa, wir kommen!
103 „Wir schlugen Roda ...“
104 Die Klasse von 97
106 Seuchen-Saison
108 Aufstieg aus Ruinen
110 Simon Terodde, Torfabrikant
112 Gucken und Anfassen!
114 Nach dem Abpfiff ...
116 Das Quiz für echte S04-Experten
120 Zitate

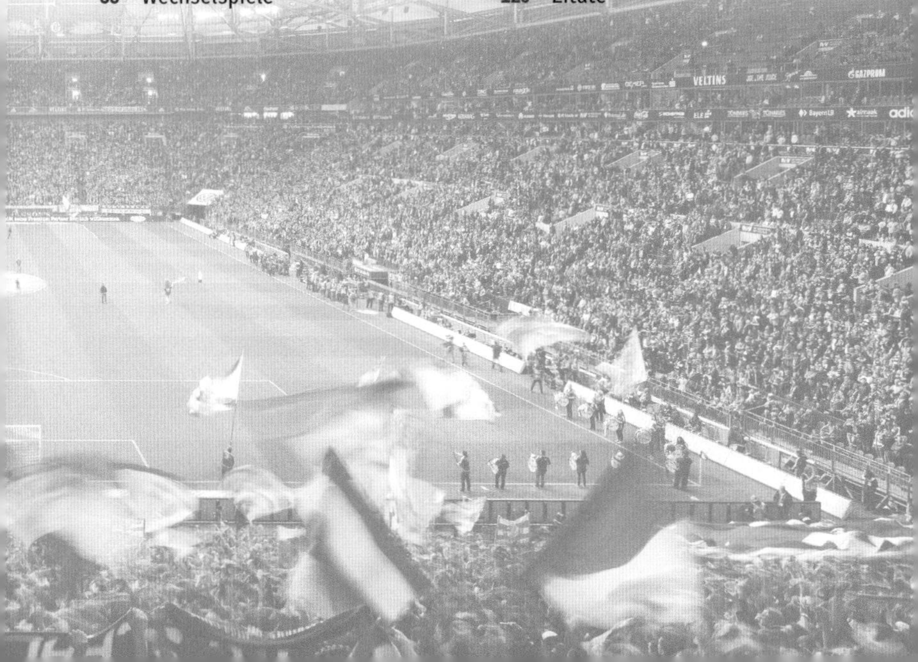

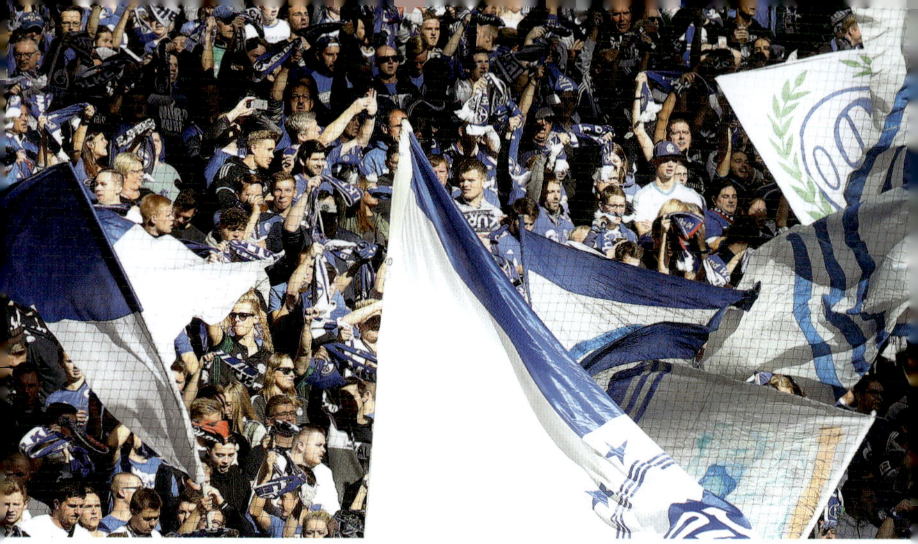

Zum Geleit

Ich bin ein Kind der Bundesliga. Mein erstes Spiel erlebte ich in der Glückauf-Kampfbahn 1963 gegen den VfB Stuttgart gemeinsam mit meinem Vater. Das war auch überhaupt das erste Bundesligaspiel von Schalke 04. Zum zweiten Heimspiel – gegen Borussia Dortmund – bin ich schon alleine ins Stadion. Zweimal umsteigen mit der Straßenbahn. Es war schon dunkel, als ich wieder zu Hause war. Also, meinen Kindern hätte ich das nicht erlaubt, als sie neun Jahre alt waren.

In meiner Jugend kannte ich von jedem Spieler das Geburtsdatum. Auch heute schießen mir diese Daten durch den Kopf. Ich glaube schon, dass ich bei einem Quiz zum Thema Schalke sehr weit käme. Wenn ich wählen dürfte, würde ich die ersten 15 Jahre Bundesliga zum Spezialgebiet erklären. Da war ich so ziemlich bei jedem Spiel, davon ist noch richtig was hängen geblieben. Da wäre ich mal ein echter Klugscheißer, der nicht nur die Namen aller Aktiven kennt, sondern auch noch jene, die mal im Kader standen, aber nie zum Einsatz kamen.

Schalke war nie ein Schicki-Micki-Verein. Obwohl manche han-

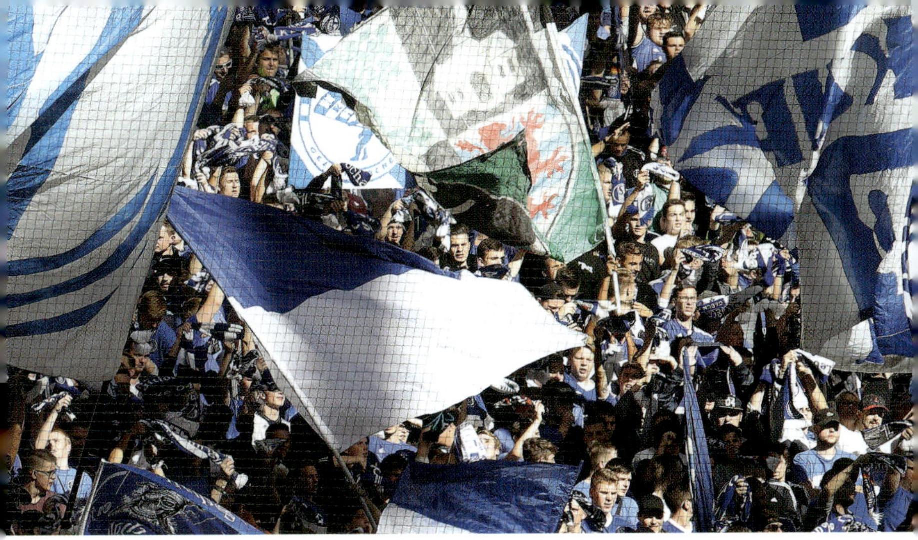

delnde Person (Eichberg, Tönnies) da nichts gegen gehabt hätte. Auf die Urwüchsigkeit der Fan-Basis war immer Verlass. Doch einmal war ich mir nicht mehr sicher, ob Schalke tatsächlich „niemals untergehen“ würde. Der Abstieg in der menschenleeren Arena, diese unwürdige Mannschaft samt Managern und Trainer, die man längst schon wieder vergessen hat, bekam eine solche verheerende Wucht, dass man sich schwer vorstellen konnte, wie das zu reparieren sei. Doch ein Jahr später stieg Schalke wie Phönix aus der Asche, und fast hat es den Anschein, als hätte diese Kaskade von nicht endenden Nackenschlägen auch etwas von einer reinigenden Wirkung gehabt. Mehr davon muss aber, denke ich, niemand haben.

Über Schalke ist alles geschrieben und gesagt. Vielleicht ist die folgende Mixtur aus Namen, Geschichten und Ereignissen aber dennoch besonders, weil nur ein „besonderer“ Schlag liebenswürdiger Menschen dafür Verständnis und Verwendung findet. Klugscheißer eben.

Viel Spaß beim Stöbern kreuz und quer durch die blau-weiße Geschichte.

Wo, verdammt, liegt Schalke?

Als sich die Mannschaft von Schalke 04 im Jahre 1929 auf einer Gastspielreise durch Schweden befindet, erkundigt sich König Gustav VI. Adolf freundlich bei Ernst Kuzorra, wo denn eigentlich genau dieses Schalke liege, von dem alle Fußballfreunde auch in Skandinavien sprechen. Da antwortete der Ur-Schalker trocken: „Anne Grenzstraße, Majestät."

Tatsächlich ist allen reiselustigen Schalkern diese Frage sehr wohl vertraut. Man muss gar nicht durch Europa kurven, selbst in Deutschland ist nicht jedem klar, wo genau denn „dieses Schalke" liegt. Kinder in Nord- oder Süddeutschland, ebenso fußballverrückt wie Kids im Ruhrgebiet, suchen verzweifelt in Atlanten nach der Stadt der „tausend Feuer", um die sich die Fußball-Legenden ranken.

Und in Zeiten der europäischen Wettbewerbe, in denen Schalke 04 seit vielen Jahren keine geringe Rolle spielt, sind immer noch nach den Auslosungen fragende Mienen an der Tagesordnung. Denn mit der Erklärung „in Gelsenkirchen" ist manchem Vertreter europäischer Großklubs auch nicht wirklich geholfen. Zumal, streng genommen, die Veltins-Arena weder auf Gelsenkirchener noch auf Schalker, sondern auf Erler Boden steht. Wohl nur noch in England tragen die oft rätselhaften und nicht sofort verortbaren Namen mancher Fußballklubs nicht wenig zur Mythenbildung bei. Crystal Palace oder West Bromwich Albion sind schon allein von ihren Namen her spektakuläre Verheißungen. Andere Stadtteilvereine – wie etwa Benfica in Portugal – schaffen durch die Hinzufügung ihres Ortsnamens geografische Klarheit.

Auch der Begriff „Knappen" ist immer noch – oder wieder – erklärungsbedürftig. Handelt es sich ja weder um die mittelalterlichen Gehülfen der Ritter noch um eine Wanzenart, sondern um Bergmänner, die ihre Lehre unter Tage erfolgreich absolvierten. Deutlicher kann der Umstand, dass Schalke auf Kohle geboren ist, kaum illustriert sein. Und warum wird „in“ Dortmund, München oder Bremen gespielt, aber „auf“ Schalke? Hierzu gibt es zwei gleichermaßen schlüssige Erklärungen, die über die im Ruhrgebiet nicht völlig ungewöhnliche falsche Grammatik hinausgehen. Einmal war die Bevölkerung in der Gemeinde Schalke zur Zeit der Gründung in nicht unerheblichem Maße polnischer Herkunft. Und im Polnischen sagt man: „Ich gehe auf ein Spiel“. Oder es ist auf den traditionellen Bergmannsgruß zurückzuführen. „Glückauf“ bedeutet, wir fahren wieder auf. Ans Licht. In die Freizeit. Und die haben die Kumpel und ihre Nachfahren am liebsten „auf Schalke“ verbracht.

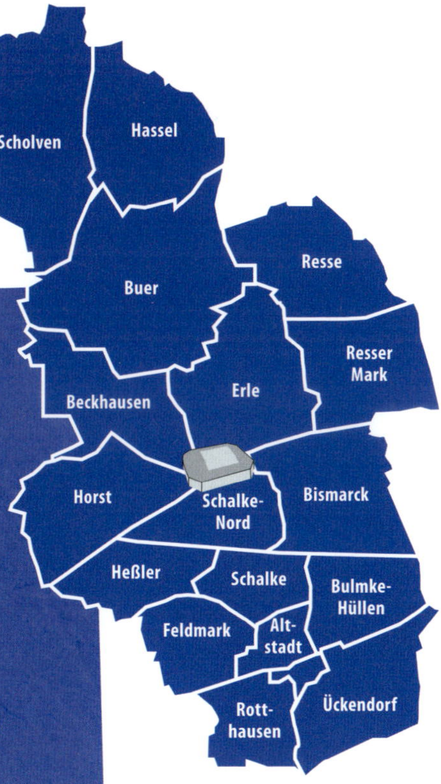

Aus Scedelike wurde im Laufe der Jahrhunderte „Schalke“, eine kleine Ansiedlung, sinngemäß etwa „Gegend um den Schädel“. Mitte des 19. Jahrhunderts wird ein reichhaltiges Steinkohlevorkommen entdeckt. Und aus der Bauernschaft wird ein industriell geprägter Ort, der 1903 nach Gelsenkirchen eingemeindet wird. Heute zählt der Stadtteil ca. 23.000 Einwohner.

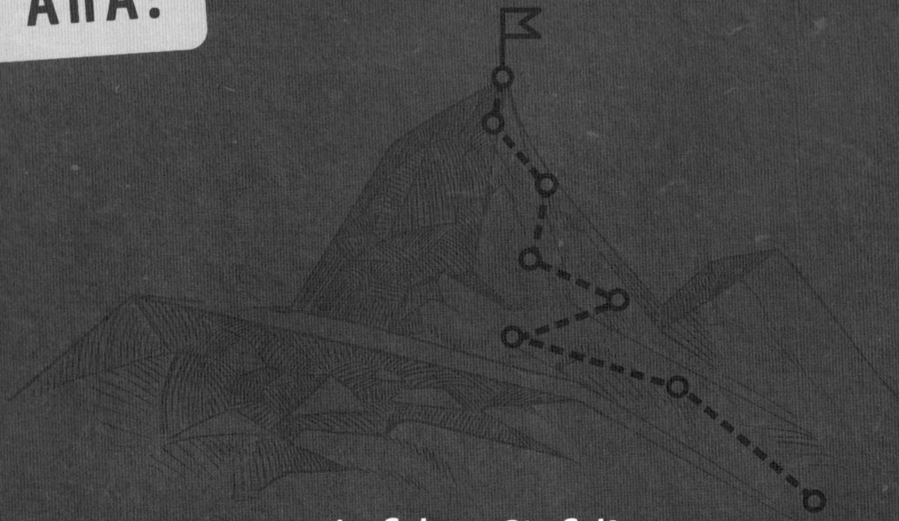

Auf dem Gipfel!

Schalke nach 1958 titellos? Pah! Ein populärer Irrtum. Tatsächlich kommt es schon zehn Jahre später zu einem grandiosen europäischen Triumph. In Basel. Der renommierte Alpenpokal wird einkassiert. Da ist man auf dem Gipfel. Denn höher geht es ja wohl nicht.

1968 soll auf Schalke alles besser werden. Man ist den nervenden Abstiegskampf der letzten drei Jahre gründlich leid. Der neue Vorstand unter Präsident Günter Siebert nimmt stolze 600.000 Mark in die Hand und verstärkt die Mannschaft grundlegend. Unter anderem kommt „Stan Libuda" aus Dortmund zurück. Und Heinz van Haaren als neuer Regisseur vom Revier-Nachbarn MSV Duisburg. Trainer Günter Brocker verordnet dem neu formierten Team insgesamt 25 Testspiel-Partien. Und am Ende steht – der Alpenpokal. Ein Wettbewerb, der, wie der Name andeutet, für Teams aus der Bergregion gedacht ist, an dem aber mehr und mehr auch ebenerdigere Teams teilnehmen. So müssen die Schalker in den diversen Vorrunden durchaus namhafte Teams wie den AC Turin, den FC Luzern oder die Young Boys Bern ausschalten, bis sie ins Finale im St. Jakobs-Stadion in Basel vordringen können. Gegner ist der heimische FC Basel.

Schalke reiste bei brütender Hitze sieben Stunden mit dem Bus an. In dem sitzen auch nur zwölf Spieler. Nicht einmal ein Ersatztorwart gehört zur Reisegruppe. Am Ende des Tages steht ein glücklicher 3:1-Sieg nach Verlängerung. Dreifacher Torschütze ist ein Neuzugang. Der pfeilschnelle Student Bernd Michel, aus Kassel verpflichtet, weckt damit Erwartungen, die er später nie erfüllen kann. Immerhin: Der Alpenpokal lässt die Herzen der Fans vor Stolz anschwellen und stimmt sie hoffnungsfroh auf die neue Saison ein. In der sich die Königsblauen allerdings erst mal wieder im Tabellenkeller wiederfinden. Der Alpenpokal steht übrigens in einer persönlichen Erinnerungsvitrine von Matthias Libuda zu Ehren seines Vaters. Der hat aber in Basel selbst gar nicht gespielt. Was das Mysterium Alpenpokal irgendwie noch abrundet.
Sie gewinnen für Schalke: Elting – Becher, Rausch – Höbusch, Slomiany, van Haaren – Pohlschmidt, Senger, Kasperski (Erlhoff), Lütkebohmert, Michel.

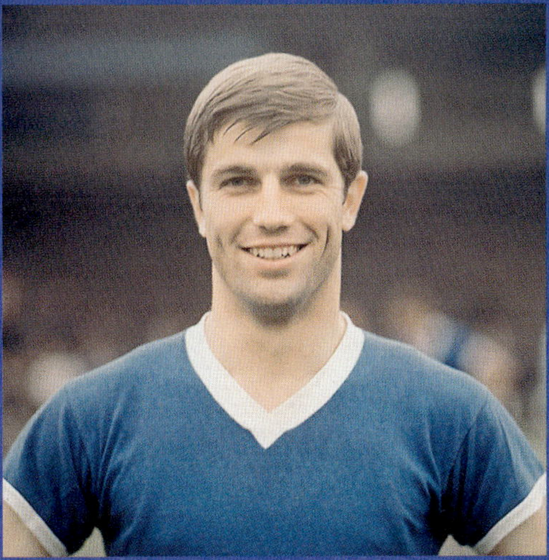

Student Bernd Michel schießt Schalke mit drei Toren zum Alpenpokalsieg.

„Jau, ick dau dat"

Nicht Willy Gies, auch nicht der legendäre „Papa" Unkel, ist Schalkes erster Vereinsvorsitzender überhaupt. Der heißt Heinrich Hilgert, ein Steiger von der Zeche Consolidation.

Schalke Anno 1904: Fördertürme, Schornsteine, enge Gassen, dunkle Hinterhöfe, halb verfallene Häuser. In der Gemeinde musste hart gearbeitet werden – und das überwiegend unter Tage. Wenn man so will: Das Gründungsambiente des FC Schalke 04. Einige Halbwüchsige, um die 16 Jahre alt, entfliehen ihrem streng reglementierten, trostlosen Alltag und treffen sich in jeder freien Minute auf einem verwahrlosten Acker, frönen einer sportiven Lust, die seinerzeit noch wenig verbreitet ist: dem Fußball. Ihr Anführer: Willy Gies. Seiner Idee nach wird am 4. Mai 1904 ein Fußballklub aus der Taufe gehoben. Zu den anderen Gründungsmitgliedern zählt auch Heinrich Hilgert. Er ist Steiger und Wiegemeister. Auf der Zeche der Vorgesetzte der jungen Fußball-Pioniere. Ein gutmütig-besonnener Mann, bei den Jungen sehr beliebt, ideal für den Posten des ersten Vorsitzenden. Er nimmt die Wahl mit den überlieferten Worten an: „Jau, ick dau dat!" Der erste Beitrag wird auf 10 Pfennig festgesetzt. Der Name des Vereins sollte sein: Westfalia Schalke. Um am geregelten Fußballbetrieb des DFB teilnehmen zu können, vergehen aber noch zehn Jahre. Und es ist eine Fusion nötig mit dem Turnverein Schalke 77, der ordnungsgemäß dem WSV angehört. Dessen Vorsitzender wiederum ist der legendäre „Papa Unkel", der gerne fälschlicherweise als Gründer von Schalke 04 angesehen wird. Unter der Führung von Unkel, der als Magazinverwalter auf der Zeche „Consolidation" arbeitet, bestreiten die Vorläufer des heutigen FC Schalke 04 dann auch ihr erstes offizielles Spiel.

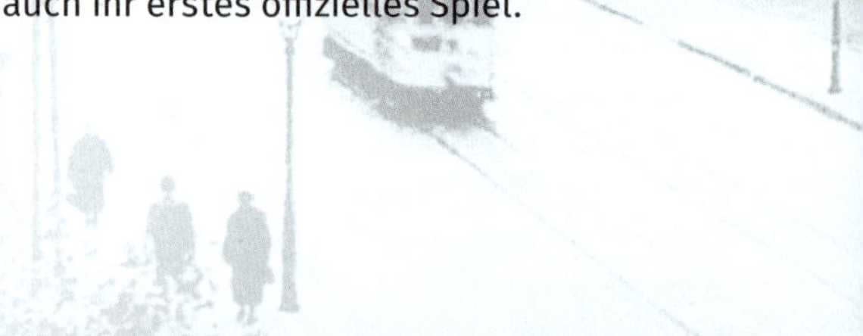

Und es ist eine Frau, die in den Wirren des Ersten Weltkrieges dafür sorgt, dass der Verein bestehen bleibt und sich konsolidiert. Christine Schuermann hält den ganzen Betrieb aufrecht. Mit größter Wahrscheinlichkeit würde es den Verein ohne diese tapfere Frau, die 1918 gestorben ist und deren Namen kaum ein Schalke-Fan kennt, heute gar nicht geben.

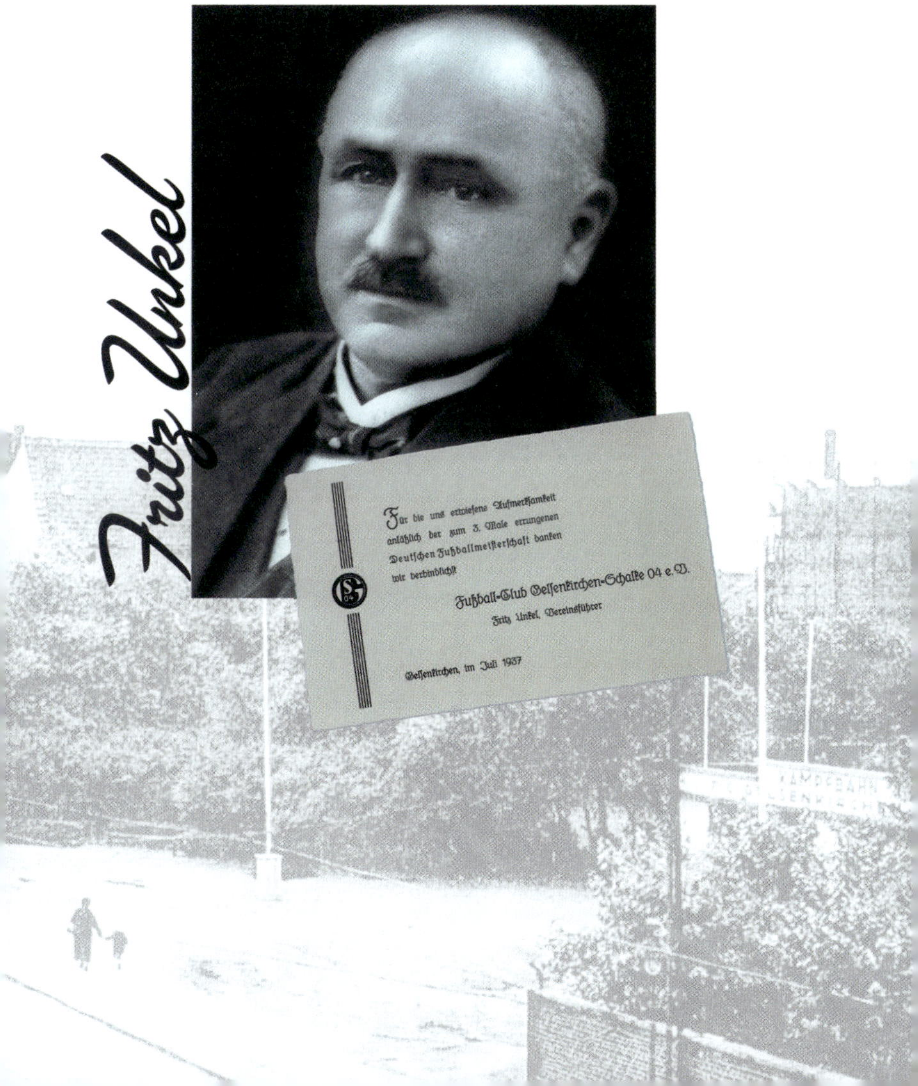

Träume, Titel und ein Toter

1926 erfüllt sich der große Traum der Gründer: Aufstieg in die „Ruhr-Liga“, damals die höchste Spielklasse. Und es taucht zum ersten Mal ein Name auf, der später zum Inbegriff Schalker Identität wird: Ernst Kuzorra.

Der bringt bald einen Freund mit zum Training, dessen Schwester er zu heiraten gedenkt. Er sei zwar „etwas langsam“, bewege den Ball aber trotzdem „ganz ordentlich“. Sein Name: Fritz Szepan. Kuzorra und Szepan werden als das vielleicht legendärste Schwäger-Paar, das jemals auf der Welt der Kugel hinterherjagte, in die Fußball-Geschichtsbücher eingehen.

Bald schon ist Schalke nicht nur im Ruhrgebiet ein Begriff. Szepan und Kuzorra und all die anderen überragenden Kicker kennt in Deutschland jedes Kind. Die Gemeinde Schalke ist inzwischen Gelsenkirchen zugeordnet worden. Und die Stadtväter erkennen, was ihnen für eine Perle in den Schoß gefallen ist. Am 29. August 1928 wird der Grundstein für den Bau einer an-

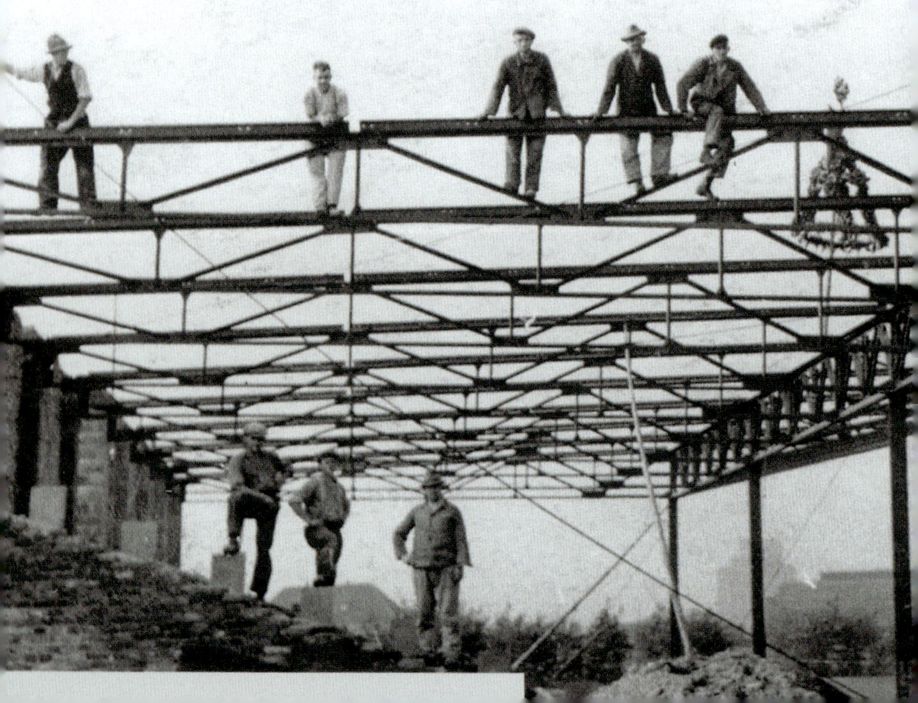

gemessenen Heimstatt gelegt: Die Glückauf-Kampfbahn, mit einem Fassungsvermögen von 36.000 Menschen, entsteht. Ein wahres Fußballmekka inmitten von Hochöfen, Werksanlagen und stinkenden Konvertern.

Aber auch ein erster Skandal lässt nicht lange auf sich warten. Weil Spielern Geldzuwendungen gemacht werden, sperrt 1930 der etwas weltfremde Verband 14 Schalker Spieler. Doch die öffentliche Empörung über das drastische Urteil ist so groß, dass bereits ein Jahr später die Begnadigung erfolgt. Beim ersten Spiel nach der langen Verbannung bricht eine wahre Hysterie aus. 70.000 Menschen drängen sich beim Spiel gegen Fortuna Düsseldorf in die Glückauf-Kampfbahn. Sie stehen auf den Seitenlinien, liegen auf den Toren. Einer ist nicht mehr dabei: Kassierer Willi Nier hat sich aus Scham über die Vorwürfe ertränkt. Der erste, nicht der letzte Selbstmord wegen Schalke.

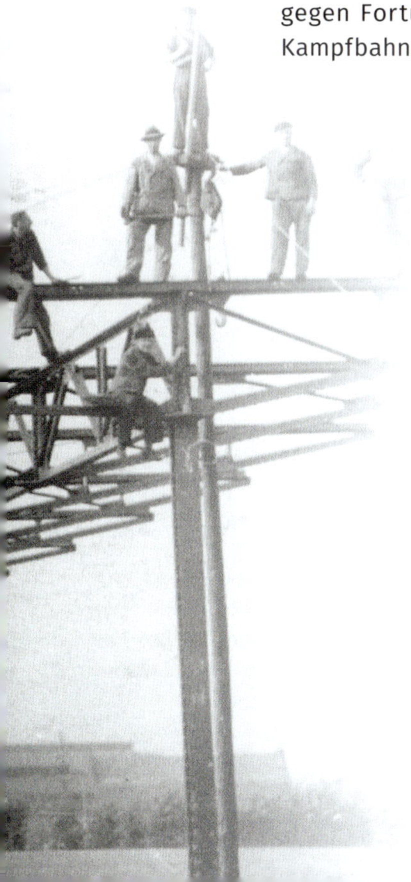

Die Glückauf-Kampfbahn entsteht. Die Tribüne gehört nach der Fertigstellung zu den modernsten ihrer Art in Europa.

Schottischer Flachpass

Der legendäre „Schalker Kreisel" wird immer mit Fritz Szepan und seinem Schwager Ernst Kuzorra in Verbindung gebracht. Das ist aber bestenfalls die halbe Wahrheit seiner Entstehungsgeschichte.

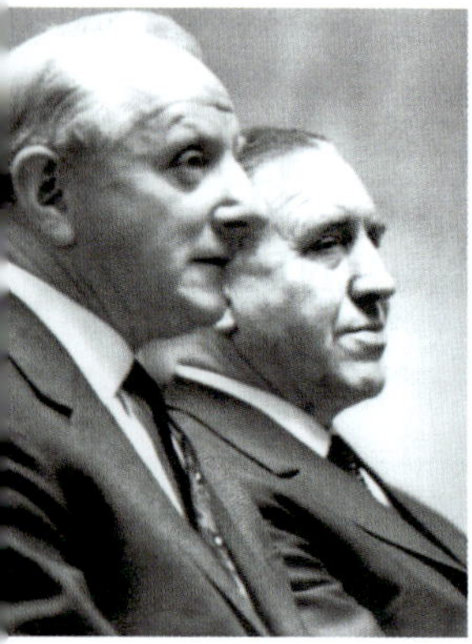

Die Schwäger Fritz Szepan und Ernst Kuzorra

Nach dem Ersten Weltkrieg entwickelt sich der Fußball rasch zum Volkssport. Mancher kommt aus englischer Kriegsgefangenschaft zurück und weiß wahre Wunderdinge über das Mutterland des Fußballs zu berichten. So auch die Gebrüder Ballmann, die getrost als die Erfinder jenes sagenumwobenen Flachpassspiels angesehen werden können, das unter einem Namen Weltruhm erlangt: Schalker Kreisel. Die Brüder bleiben über die Gefangenschaft hinaus auf der Insel, studieren an der Universität – vor allem aber auf den Fußballplätzen. Nach ihrer Rückkehr staunt Ernst Kuzorra: „Die machen Fallrückzieher, Doppelpass – das kennen wir alles gar nicht!" Die wichtigste Idee der Ballmanns ist der schottische Flachpass mit der Weiterentwicklung, dass sich immer mehr als ein Mitspieler frei läuft und zum Abspiel anbietet. Hans Bornemann, Mitglied der späteren Meistermannschaften, beschreibt den Grundgedanken später einmal so: „Nicht der, der im Ballbesitz ist, bestimmt das Spiel, sondern die, die freigelaufen sind, zwingen den Ballführenden zum Abspiel."

Fortan machen sich die Königsblauen daran, dieses System einzupauken. Jahrzehntelang ist auf dem Trainingsplatz alles in Bewegung, um angespielt zu werden. Wenn nicht, kommt Kuzorras kernige Kritik: „Bitteschön, wer hat sich freigelaufen? Warum steht ihr alle?"

Todes- statt Sportnachrichten

Es wäre ja schön gewesen, ist aber ein verbreiteter Irrglaube, dass die erfolgreichen Fußballer des FC Schalke vom Militärdienst verschont wurden.

Der deutsche Größenwahn ist auf dem Höhepunkt, als Hitler Österreich und das Sudetenland „heim ins Reich" geholt hat. Politisch bedeutet dies, dass der Zweite Weltkrieg vor der Türe steht. Sportlich hat Schalke bis zur vierten Meisterschaft noch höhere Hürden vor sich, nimmt sie aber alle souverän. Das Endspiel am 18. Juni 1939 geht in die Fußballgeschichte ein. Schalke spielt gegen Admira Wien Fußball in Vollendung und siegt mit 9:0. Hunderttausende bereiten Kuzorra und Co. in Gelsenkirchen einen triumphalen Empfang. Die Sorgen der Menschen sind durch „ihre" Knappen für Stunden verdrängt. Um dann doch wieder mit elementarer Gewalt hervorzubrechen. Denn der Krieg schont auch Schalke 04 nicht. Zunächst brauchen die Schalker Spieler das Militär aber nicht zu fürchten. Nur Hans Klodt wird eingezogen, kommt bald schwer verwundet zurück. Hinter den Stammspielern rücken immer wieder neue Burschen nach. Kein Wunder, dass auch noch 1942 die „Victoria" wieder an den Schalker Markt wandert (durch ein 2:0 über Vienna Wien). Doch dann ist auch über Gelsenkirchen nur noch Finsternis. Denn jetzt werden auch die Meisterspieler eingezogen. Todesnachrichten überschatten die Sportnachrichten. Linksaußen Urban verliert sein Leben in Sibirien. Andere kommen zurück, sind aber nie mehr dieselben. Der Krieg hat alles kaputt gemacht, nimmt auf nichts und niemanden Rücksicht. Auch nicht auf Jahrhundert-Fußballer. Auch sie versinken in Schutt und Asche.

Der Schalker (Getränke-)Markt

Als Schalke 04 in die Saison 1964/65 startet, sehen viele in der Mannschaft von Fritz Langner einen Titelkandidaten. Doch die Spielzeit wird zu einem einzigen Fiasko. Am Ende steht der Abstieg.

In Scharen verlassen die Stars den Verein. Gyula Tóth geht zum 1. FC Nürnberg. Hans Nowak zu Bayern München, Karl-Heinz Bechmann zu Alemannia Aachen, Waldemar Gerhardt nach Düsseldorf zur Fortuna, Willi Koslowski zum Nachbarn Rot-Weiss Essen. Reinhard Libuda heuert bei Borussia Dortmund an.

Aber wenigstens Abwehrchef Willi Schulz soll bleiben. „Eher hacke ich mir die Beine ab, bevor ich Schalke verlasse", soll der gebürtige Günnigfelder gesagt haben. Obwohl ihm von Experten eine große Länderspiel-Karriere vorausgesagt wird, die als zukünftiger Regionalliga-Spieler wohl einen Knick erleidet. Und genau das gibt dann wohl den Ausschlag, dass auch Schulz Schalke den Rücken kehrt. Wie es heißt, soll Uwe Seeler ihn nach Hamburg locken. Bei allem Verständnis für seine sportlichen Beweggründe: Die Fans sehen es als großen Verrat am Verein. Alle, die vorher in seiner Kneipe am Schalker Markt ihr Bier trinken und eine Menge Geld lassen, entschließen sich zum Boykott der Gaststätte. Stattdessen treffen sie sich demonstrativ am Kiosk gegenüber und trinken dort ihr Bier aus Flaschen. Willi Schulz sieht es gelassen: „Die Kneipe ist tatsächlich leer. Aber die wissen nicht, dass mir der Kiosk auch gehört."

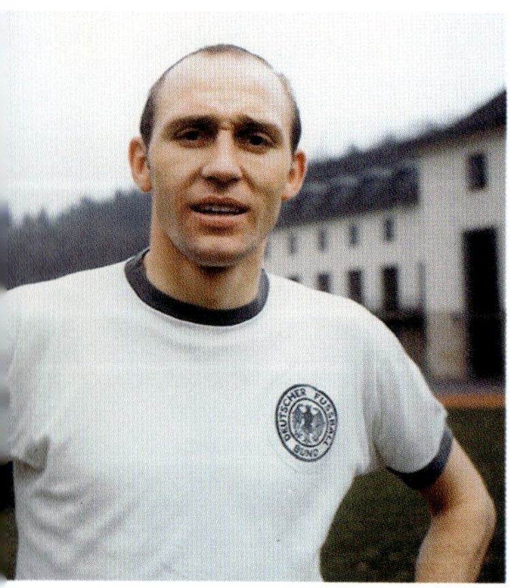

Willi Schulz im Trikot der deutschen Nationalmannschaft

Umzug an die Hafenstraße

Die „schwarzen Perlen" des brasilianischen Zauberklubs FC Santos rund um den sagenumwobenen Weltstar Pelé sollen mit einem Gastspiel vor der ersten Bundesliga-Saison Schalke 04 die Kassen füllen. Dazu ist man sogar bereit, nach Essen umzuziehen. Doch die Rechnung geht nicht auf.

Das Jahr 1963 ist für den bundesrepublikanischen Fußball nichts weniger als eine Zeitenwende. Und natürlich auch für den FC Schalke 04. Im Jahr zuvor, der letzten Spielzeit der legendären Oberliga West, hat man sich als mäßiger Tabellen-Sechster zwar nicht mit Ruhm bekleckert, aber immerhin noch für die neu geschaffene Bundesliga qualifiziert. Das neue Oberhaus ohne Schalke 04 – das scheint irgendwie auch undenkbar. Die Vorbereitung auf die Saison 1963/64 ist für die damaligen Verhältnisse schon eine kleine Sensation. Schalke tingelt zwei Wochen durch die Vereinigten Staaten, absolviert dabei drei Freundschaftsspiele. Und, kaum wieder zu Hause, wartet schon das nächste Highlight. Ein Spiel gegen den amtierenden Weltmeister. Zumindest gegen die brasilianischen Superkicker, die für den FC Santos auflaufen. Und das ist vor allem Pelé, der damalige Wunderknabe des Weltfußballs. Ihn live erleben zu dürfen soll bei den Schalke-Fans Vorfreude auf die Bundesliga wecken. Doch all die schönen Pläne – ein bisschen Geld will man mit dem Event auch noch verdienen – gehen gründlich in die Hose. Der Umzug an die Essener Hafenstraße – weil dort mit der größeren Tribüne mehr Geld zu verdienen ist – erweist sich als kapitale Fehlentscheidung. Nur 15.000 wollen Pelé und Co. sehen. Und bei einer Garantiesumme von 150.000 DM für die Brasilianer wird aus der geplanten schönen Einnahme ein sattes Minusgeschäft.

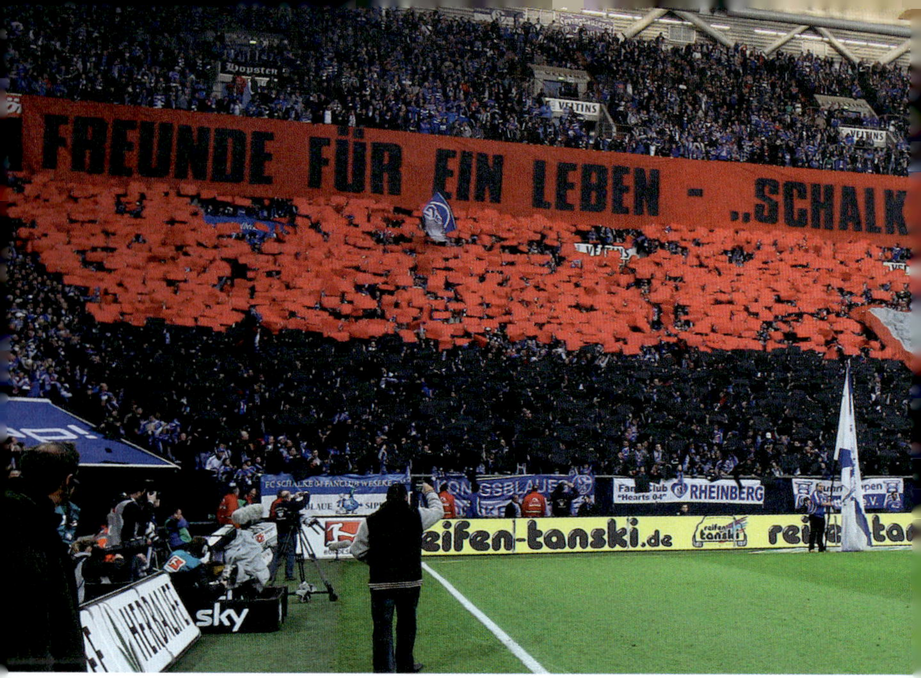

„Schalke und der FCN“

Wenn die Rede von Fanfreundschaften im Profifußball ist, dann wird schnell von der außergewöhnlichen Verbindung der Anhänger der Altmeister Schalke 04 und 1. FC Nürnberg gesprochen. Vermutlich gehört diese Liaison zu den ältesten in Deutschland seit Einführung der Bundesliga im Jahr 1963.

Zu Beginn der siebziger Jahre wird sporadisch versucht, die Fanszenen der Vereine zu organisieren, ihnen eine Struktur zu geben. Man bündelt Kapazitäten, organisiert Auswärtsfahrten, erste Fanturniere werden ausgeschrieben. Berührungsängste zu anderen Fans sind groß, Schauermärchen über die „anderen“ haben Hochkonjunktur. Auch Nürnberg- und Schalke-Fans können sich zunächst nicht ausstehen. Vor allem die Anhängerschaft der Schalker ist extrem unbeliebt überall in der Republik. Natürlich, weil sie überall so zahlreich auftritt und ausgestattet ist mit der „großen Schnauze“ der Ruhrpottler.

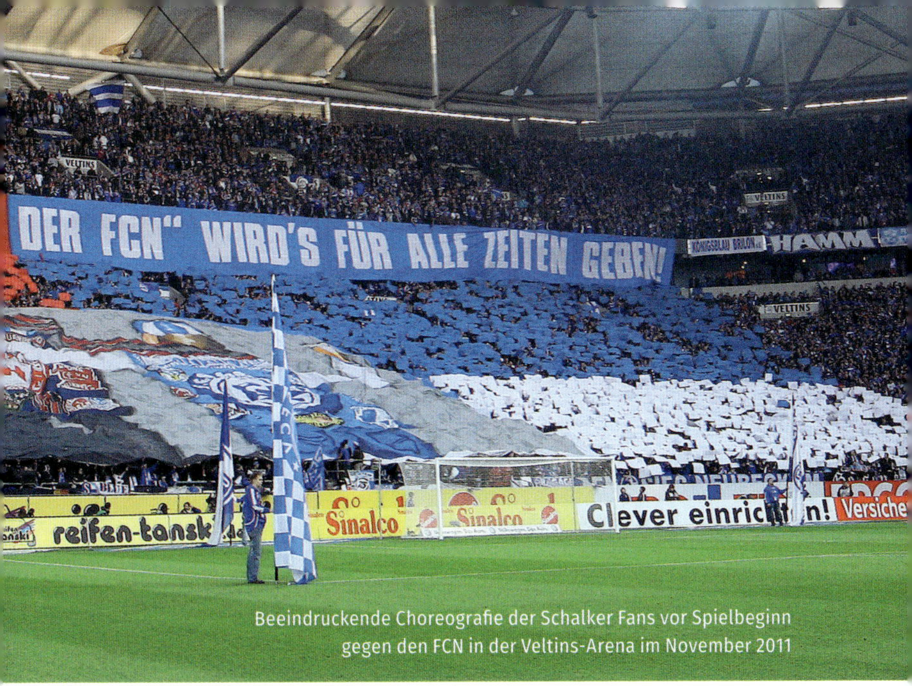

Beeindruckende Choreografie der Schalker Fans vor Spielbeginn gegen den FCN in der Veltins-Arena im November 2011

Der Legende nach entwickeln sich zarte Bande zwischen einzelnen Fans aus Gelsenkirchen und Nürnberg. Man entdeckt wechselseitig die guten Seiten der anderen, beschützt sich gegenseitig. Es kommt zu Einladungen, man sieht sich auf Fan-Turnieren, entdeckt Gemeinsamkeiten, zum Beispiel früh die Rolle der Traditionsvereine im modernen Kommerz-Fußball. Es gibt auch die nachvollziehbare Geschichte, man habe gemeinsam Bayern-Fans durch den Nürnberger Bahnhof gejagt. So etwas verbindet verständlicherweise.

Heute ist diese Fan-Freundschaft gelebte Praxis, einerlei wie sie nun genau zustande gekommen ist. Schalke feiert die Zweitliga-Meisterschaft am letzten Spieltag der Saison 2021/22 in Nürnberg. Es ist ein rauschendes Fest der Gemeinsamkeit, wie sie in dieser Form tatsächlich einmalig ist. „Schalke und der FCN" ist eine Institution des Traditionsfußballs gegen die Seelenlosigkeit der Trust-Vereine. Ob dies den Fans, die da zusammen feiern, so bewusst ist, spielt eigentlich keine große Rolle. Es bleibt so oder so eine große Sache.

Zahlen und Fakten

ERFOLGE

UEFA-Cup
1997

Deutscher Meister
1934, 1935, 1937, 1939, 1940, 1942, 1958

Deutscher Pokalsieger
1937, 1972, 2001, 2002, 2011

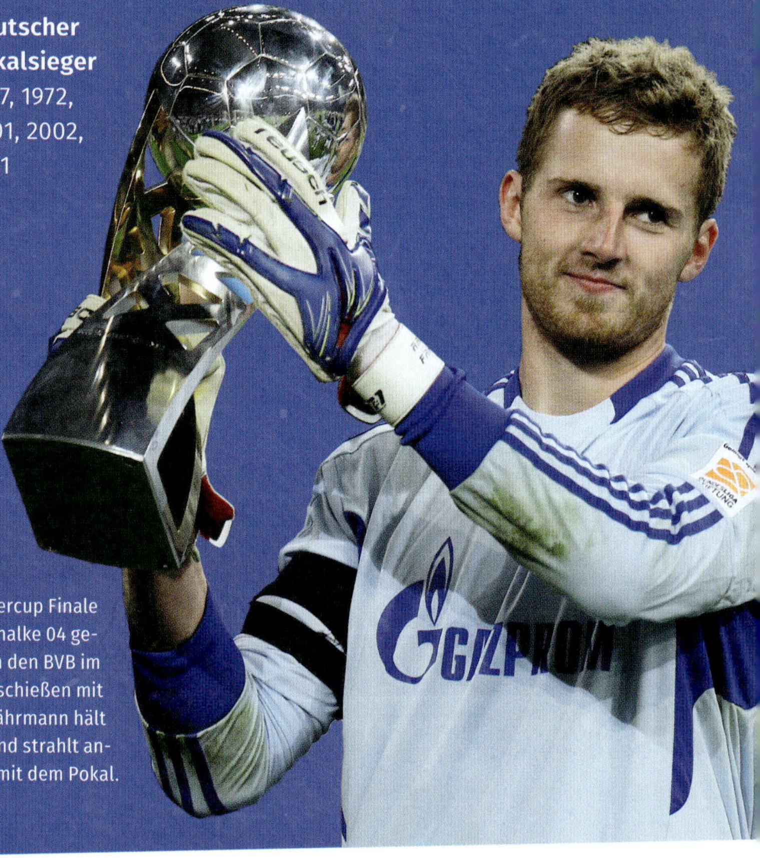

DFL-Supercup Finale 2011: FC Schalke 04 gewinnt gegen den BVB im Elfmeterschießen mit 4:3. Ralf Fährmann hält zwei Elfer und strahlt anschließend mit dem Pokal.

UI-Cup-Sieger
2003, 2004

Deutscher Ligapokalsieger
2005

Deutscher Supercupsieger
2011

Meister 2. Liga
1982, 1991, 2022

Vize-Meister
1933, 1938, 1941, 1972, 1977, 2001, 2005, 2007, 2010, 2018

Vize-Pokalsieger
1935, 1936, 1941, 1942, 1955, 1969, 2005

Westdeutscher Meister
1929, 1930, 1932, 1933, 1951, 1958

Westdeutscher Pokalsieger
1955

Meister Oberliga West
1951, 1958

Westfalenmeister
1934, 1935, 1936, 1937, 1938, 1939, 1940, 1941, 1942, 1943, 1944

Das Team der ersten (Bundesliga-)Stunde

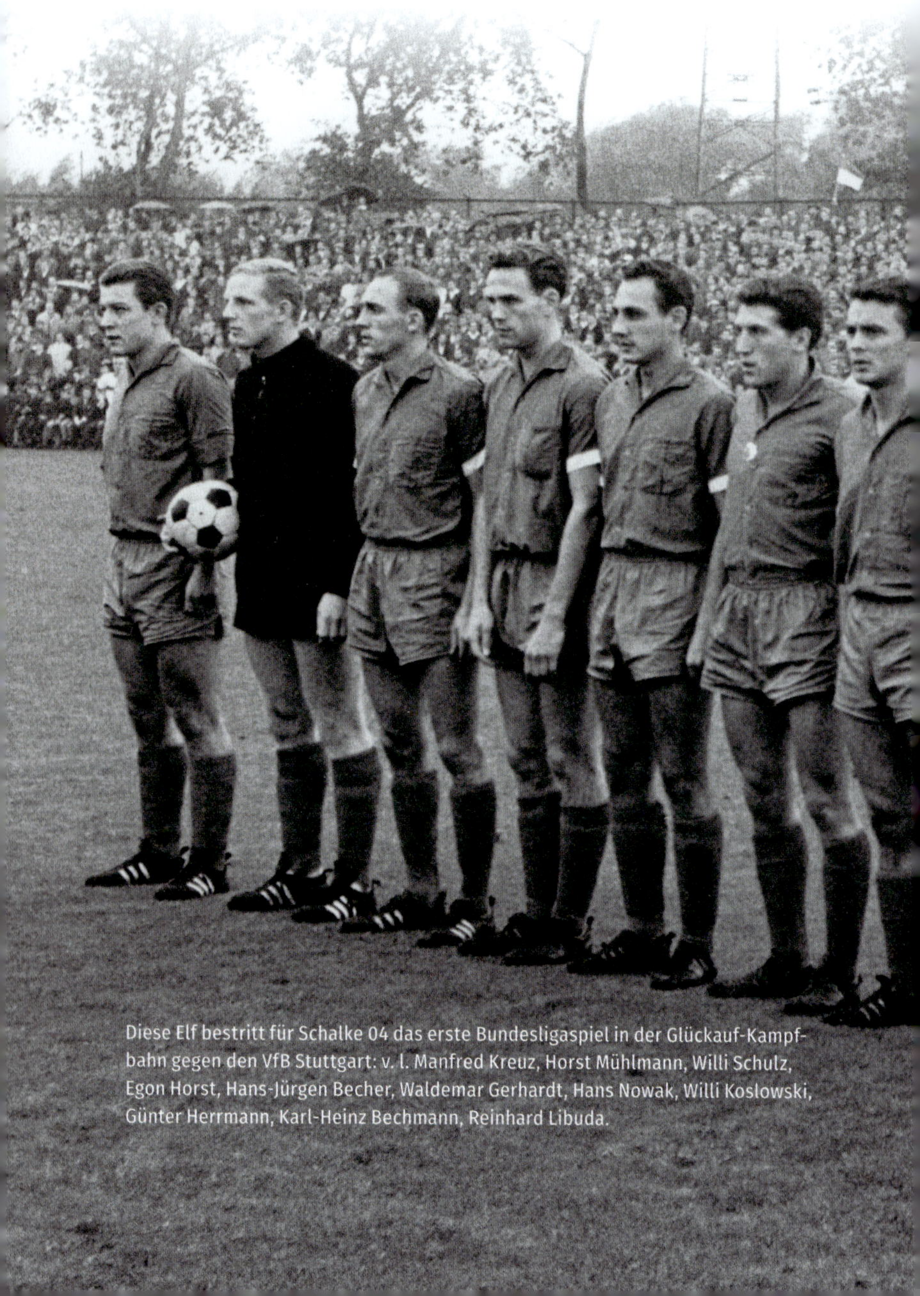

Diese Elf bestritt für Schalke 04 das erste Bundesligaspiel in der Glückauf-Kampfbahn gegen den VfB Stuttgart: v. l. Manfred Kreuz, Horst Mühlmann, Willi Schulz, Egon Horst, Hans-Jürgen Becher, Waldemar Gerhardt, Hans Nowak, Willi Koslowski, Günter Herrmann, Karl-Heinz Bechmann, Reinhard Libuda.

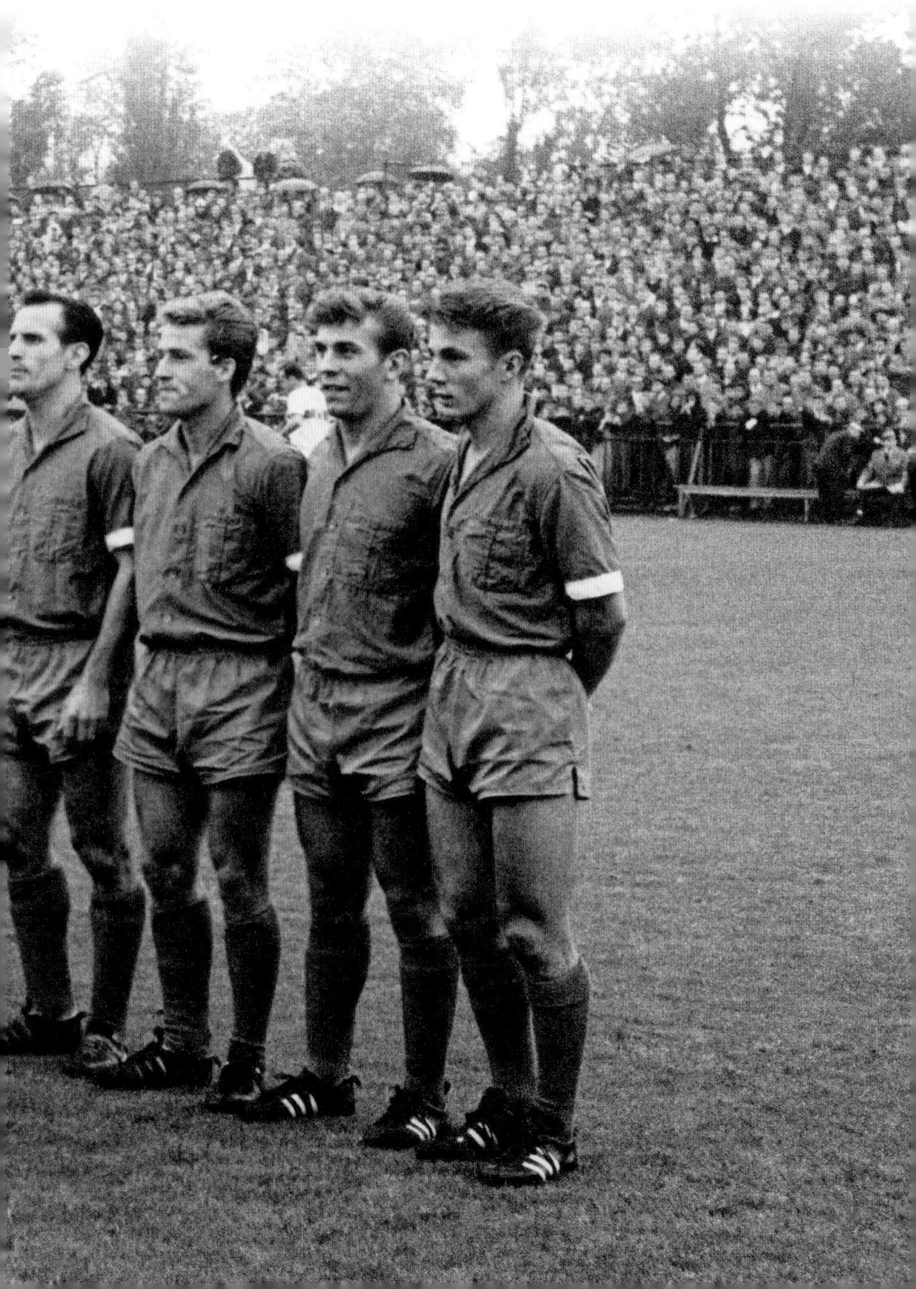

Rudi Assauer, der „ewige" Manager

In der fast 120-jährigen Geschichte des FC Schalke konnten viele Persönlichkeiten den Verein prägen. Doch gelang es wenigsten, so nachhaltig zu wirken, wie die Gründerväter, die Frauen und Männer, die den Klub durch die Trümmerzeit führten, Günther Siebert, der eine große Mannschaft in den siebziger Jahren aufbaute. Und vor allem Rudi Assauer, dem eigentlichen Architekten des neuen Schalke. Er bleibt als der ewige Manager unvergesslich.

Dabei hat er eine sehr starke gelb-schwarze Identität in diese Verbindung eingebracht. Mit Borussia Dortmund gewann der in Herten geborene Kohlenpott-Junge den Europapokal der Pokalsieger. Auch in seiner langen Schalker Zeit war er immer Mitglied beim BVB. Von 1981 bis 1986 arbeitete er erstmals auf Schalke. Mit wechselndem Erfolg. Aufstiege folgten erneute Abstiege, vielen war Assauer zu smart, oft auch zu direkt und ehrlich. Nach einem Zerwürfnis mit der Vereinsführung endete die erste Amtszeit ohne die Frage zu beantworten, ob „Assauer Schalke schafft oder umgekehrt", wie er selbst vor seiner Tätigkeit die beiden Alternativen genannt hatte.

Nach einer Stippvisite beim VfB Oldenburg holte ihn Günther Eichberg zurück, was nicht ganz unumstritten war. Doch schnell überzeugte Assauer diesmal seine Kritiker. Er räumte den Verein auf, stellte ihn wirtschaftlich und sportlich auf gesunde Beine, hatte ein Auge für Transfers, die den Klub bereicherten. Die Ergebnisse können sich sehen lassen: der UEFA-Cup-Sieg, die zwei Pokalerfolge hintereinander, der Fast-Titelgewinn 2001 und drei weitere Vizemeisterschaften – unter Assauer wird Schalke 04 zu einem der führenden Vereine in Deutschland und Stammgast in den europäischen Wettbewerben.

Höhepunkt seines Schaffens war aber die Realisierung einer Utopie: den Bau der Arena auf dem Berger Feld. Hiermit hat er sich sein eigenes Denkmal gesetzt.

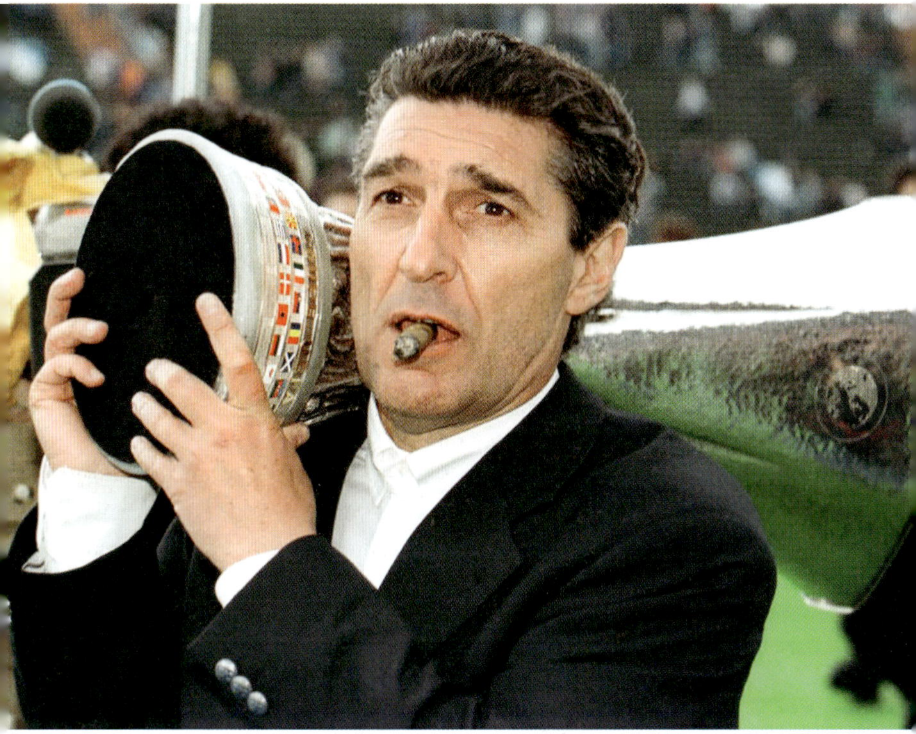

Manager Assauer stolz mit dem Pott und der unvermeidlichen Zigarre nach dem Gewinn des UEFA-Pokals im Parkstadion 1997

Sein unrühmlicher Abgang war wesentlich von seiner Alzheimer-Erkrankung abhängig, die er aber erst im fortgeschrittenem Stadium im Jahr 2012 öffentlich machte.

Im Februar 2019 starb diese wahre Vereins-Ikone, die nicht auf dem Schalke-Grabfeld ruht, sondern in einem anonymen Bestattungswald. Sorgen, dass er in Vergessenheit geraten könnte, sind unbegründet. So, wie er Schalke gelebt hat, lebt er in allen fort, die sich dem Verein verbunden fühlen.

Der Stolz der kleinen Leute

Schalke steigt 1964/65 aus der Bundesliga ab. Doch am grünen Tisch bleibt ihnen die Erstklassigkeit erhalten. Die Bundesliga wird auf 18 Vereine aufgestockt. Bis das aber feststeht, hat nahezu die komplette Mannschaft dem Verein den Rücken gekehrt und Trainer Fritz Langner für die Regionalliga geplant.

Einzig Hoffnungsträger Günter Herrmann bleibt. Der Regisseur ist, bevor er sich unter den zahllosen Angeboten einen neuen Verein aussucht, erst einmal in die Schweiz in Urlaub gefahren. Dort gabeln die Schalker ihn mit der Kunde ihrer wundersamen Rettung auf. Trotzdem: Schalke gilt als Abstiegskandidat Nummer eins.

Was folgt, sind happige Auswärtsniederlagen in Serie und Heimspiele einer ganz besonderen Art. Alle 14 Tage platzt die Glückauf-Kampfbahn aus allen Nähten. Der erste Sieg wird am 8. Spieltag errungen – 2:1 über den Hamburger SV.

Die Atmosphäre in der Glückauf-Kampfbahn ist mit der heutigen in den Groß-Arenen nicht zu vergleichen. Vielleicht sind es Kirchen-Messen – 40.000 beten für ihren FC Schalke. Die Gesänge – „Aber eins, das bleibt bestehn, der FC Schalke wird nie untergehn“ – verursachen einfach nur Gänsehaut. Viele kommen direkt von der Schicht, manche haben noch ihre Arbeitstaschen mit. Samstag ist Regelarbeitstag, zumindest für das Schalke-Publikum.

Die Saison nimmt ein gutes Ende. Der 32. Spieltag, es ist genau am 15. Mai 1966, bringt den Blau-Weißen die Rettung. Im eigenen, natürlich ausverkauften, Stadion wird Keller-Rivale Borussia Neunkirchen 2:0 bezwungen. Klaus Fichtel, später lange Jahre Rekord-Bundesligaspieler, sagt nach seiner langen Karriere, dieses Spiel sei das größte Erlebnis seiner Laufbahn gewesen. Denn der FC Schalke kann nicht einfach dem Abstieg entgehen – der Stolz der kleinen Leute wird gerettet. Die Krise des Bergbaus geht ihrem Höhepunkt entgegen, viele Menschen sorgen sich um ihre Existenz. Doch „ihr“ Verein bleibt erstklassig.

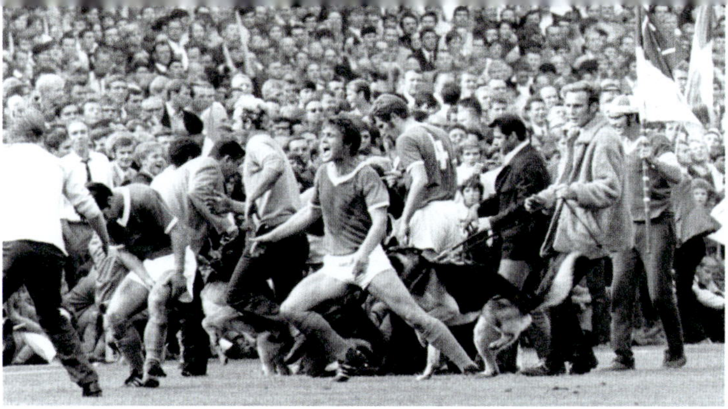

Spiel mit Biss: Ein Dortmunder Hund zwingt Friedel Rausch zu Boden.

Dortmunder Hunde

Schalke macht sich Ende der sechziger Jahre auf zu neuen Ufern. Die Abstiegsplätze werden verlassen, es geht bergauf. Auch in den Derbys geht es jetzt knapper zu. Statt der Debakel in den frühen sechziger Jahren spielt man auf Augenhöhe. So auch am 6. September 1969 in der Roten Erde. Doch nicht wegen des 1:1-Unentschiedens geht diese Partie in die Bundesliga-Geschichtsbücher ein. Sondern weil statt Zwei-, Vierbeiner die Hauptrolle spielen.

Als der österreichische Linksaußen Hansi Pirkner die Schalker in Führung schießt, nimmt das tierische Drama seinen Lauf. Schalker Fans laufen vor Begeisterung über die Führung auf den Rasen. BVB-Ordner suchen das zu verhindern und setzen ihre Schäferhunde ein. Und die konzentrieren sich bei ihrer Arbeit auf die Beteiligten in kurzer Hose. Konkret: Friedel Rausch wird in den Allerwertesten gebissen. Gerd Neuser in den Oberschenkel. Die Szenen auf dem Rasen mögen etwas von einer Slapstick-Show haben. Doch die Betroffenen mit ihren schmerzverzerrten Gesichtern sehen das schon weniger humorvoll. Schalke spielt unter Protest weiter und muss auch noch den Ausgleich hinnehmen.

Friedel Rausch und Gerd Neuser bekommen später von den Dortmundern jeweils 500 Mark Schmerzensgeld. Schalke setzt im Rückspiel zur Unterstützung der eigenen Ordner Löwen ein.

Oskar, der Familienvater

Als Günter Siebert 1967 beim FC Schalke 04 das Vereinsruder übernimmt, ist er der jüngste Präsident der Bundesligageschichte. Entsprechend frisch und unverbraucht geht er seine Aufgaben an und entwickelt binnen drei Jahren eine neue Vereinsphilosophie und eine Mannschaft, die an die nationale Spitze strebt. Auch durch den Bau des Parkstadions gehört Schalke in den siebziger Jahren zu den ersten Fußballadressen der Bundesrepublik.

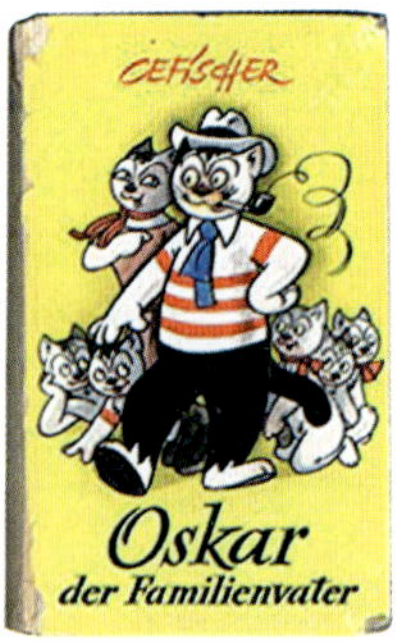

Für Siebert ist Schalke eine Herzensangelegenheit. Als Spieler kommt er aus Kassel, ist ein sehr talentierter Mittelstürmer, der zur Meistermannschaft 1958 gehört. Ein Jahr später muss er aber seine Karriere wegen einer Knieverletzung beenden. „Oskar", wie er genannt wird nach der Bildergeschichte „Oskar, der Familienvater" (Siebert hat mit seiner Frau Hanne stolze sieben Kinder), lässt seine aktive Laufbahn in der 2. Liga West bei Sportfreunde Gladbeck ausklingen und startet seine Funktionärskarriere auf Schalke 1964 als zweiter Vorsitzender.

Der Bundesliga-Skandal Anfang der Siebziger, in den die Schalker bis hin zu Meineiden vor ordentlichen Gerichten verstrickt sind, ist aber auch für Günter Siebert der Anfang vom Ende. Tatenlos muss er mit ansehen, wie seine große junge Mannschaft um Rolf Rüssmann, Klaus Fichtel oder Klaus Fischer vom DFB-Sportgericht zu langen Strafen verurteilt wird. Einige Jahre sorgte das riesige Parkstadion für eine neue Euphorie. Da aber hat sich Siebert, ab dem 1. Juli 1977 bezahlter Manager, ins Abseits manövriert und nach Streitigkeiten mit der neuen Vereinsführung gekündigt, bevor er den neuen Job überhaupt begonnen hat.

Für ein Jahr – 1978/79 – kehrt er noch einmal als Präsident zurück. Doch in Schalke sind die Weichen auf Niedergang gestellt. Auch Siebert weiß keinen Weg aus der sportlichen und finanziellen

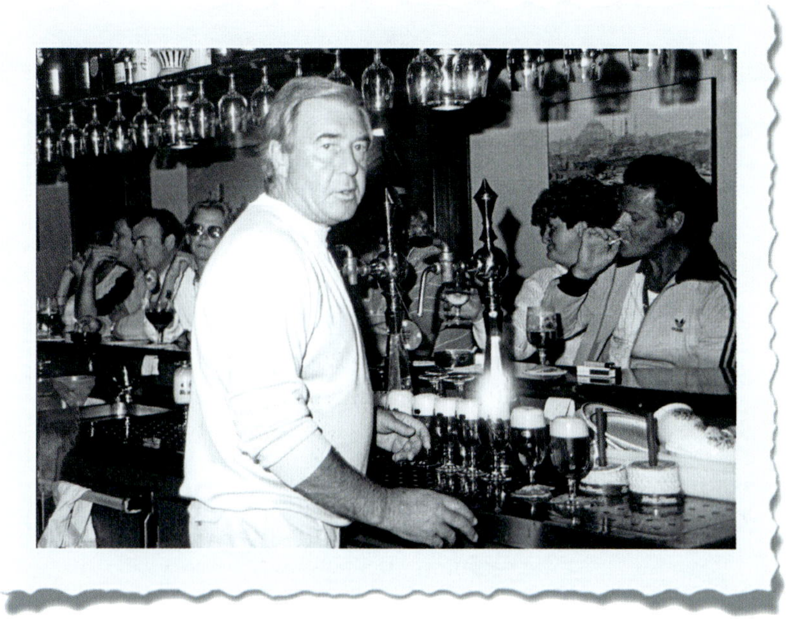

Günter Siebert hinter der Theke seines Pubs in Playa del Inglés

Misere und verfolgt den ersten Abstieg 1981 aus seinem „Exil" auf Gran Canaria, wo er eine Gaststätte betreibt.

1987 rufen die Vereinsmitglieder, von der anhaltenden Erfolglosigkeit ermüdet und voller Sehnsucht nach einem Neuanfang – den alten Volkstribun zum dritten Mal zum S04-Präsidenten aus. Doch Siebert scheitert erneut, der dritte Abstieg 1988 ist auch die Folge einer wenig zeitgemäßen Vereinsführung. Vor allem hat Siebert bei zahlreichen Fehleinkäufen vollkommen sein „Diamantenauge" für Talente verloren, das ihn in den siebziger Jahren so auszeichnete.

Den letzten Teil seines Lebens verbringt der „ewige Schalker" in Playa del Inglès, wo er immer wieder Schalker begrüßen kann, die mit ihm über die großen Zeiten plaudern wollen. Am 16. Juni 2017 stirbt er in einem Pflegeheim in Eckernförde, wohin ihn seine Tochter geholt hat, um ihn besser betreuen zu können.

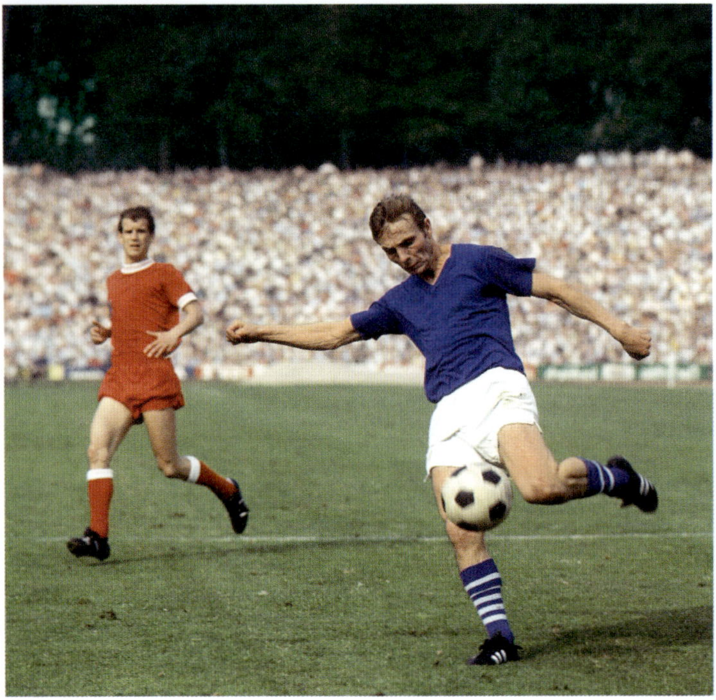

Reinhard Libuda, wie ihn alle Schalker in Erinnerung haben

LI-BU-DA

Wer im Stadion dabei war, wird es nie vergessen. Wie das vieltausendfache Rufen eines Namens einer ganzen Mannschaft als Anfeuerung gilt und die Fans sich in einen Rausch skandieren, um dem Mann, dem diese ganze Zuneigung gilt, den Auftrieb zu bescheren, den er für seine Aktionen so braucht. Doch es ist ein populärer Irrtum, dass Reinhard Libuda seine Glanzpartien in Serie abliefert. Vielmehr ist er in seiner ganzen Karriere so launisch wie das Wetter im April.

LI–BU–DA hallt es durch die Glückauf-Kampfbahn, ein paar Jahre auch durch das Parkstadion und immer mal wieder nostalgisch durch die Veltins-Arena. LI–BU–DA, dieses schaurig schöne Stakkato gilt einem Rechtsaußen, der so gänzlich anders ist, als man sich einen magischen Fußballspieler vorstellt.

Du kannst den Haverkamp vielleicht verlassen. Der Haverkamp verlässt dich aber nicht. So kann man einen Sinnspruch auf „Stan" Libuda münzen, der auch seine Herkunft nicht verleugnen kann und wohl auch nicht will. Der Arbeiterjunge scheut auch nach seinen größten Auftritten das Scheinwerferlicht „danach". Er will seine Ruhe haben, meidet die Schulterklopfer. Doch es ist wohl die größte Fehleinschätzung des Reinhard „Stan" Libuda, aus seiner Distanz zu dem langsam durchstartenden Showgeschäft Fußball abzuleiten, er sei nicht nur scheu, sondern auch ein bisschen dumm. Es gibt einen Brief von Reinhard Libuda an Sepp Herberger, der von Inhalt und Diktion Libuda als einen klugen und ausdrucksbegabten Menschen ausweist.

Libudas Spielweise ist auch deshalb so unnachahmlich, weil es kein Mittelmaß gibt. Entweder ist er überragend. Oder grottenschlecht. Bis auf wenige Spielzeiten, in denen er auf konstant hohem Niveau spielt, halten sich hop und top die Waage. Zumeist entscheiden die ersten zwei, drei Zweikämpfe, wie die Bilanz nach 90 Minuten aussieht. Gelingen seine hakenschlagenden Dribblings, verurteilt er seine Gegenspieler und die ganze Abwehrreihe vor ihm zu Statisten seiner Kunst. Bleibt er bei den ersten Versuchen hängen, ist sein ganzes Spiel im Eimer. Schleicht er schon nach einer halben Stunde mit hängenden Schultern über den Platz. Würden andere Spieler für ihre Lethargie vom Publikum gnadenlos abgestraft, reagieren die Ränge auf Libudas Wirkungslosigkeit aber nie abfällig. Er bleibt an guten und an schlechten Tagen Schalkes LI–BU–DA.

Viel ist ihm nach der Karriere nicht gelungen. Gestorben ist er am 25. August 1996 im Haverkamp an einem Schlaganfall. Mittlerweile dürfte es also irgendwo auch eine Antwort darauf geben, ob er auch „an Gott vorbei kommt".

AHA!

„Horvat, lass die Löwen los!"

Auch die beste Schalker Mannschaft nach dem Krieg kann den Fans die Sehnsucht nach einer Deutschen Meisterschaft nicht erfüllen. Ohnehin tanzt sie nur einen Sommer. Dafür unvergesslich.

Als Günter Siebert 1967 das Ruder auf Schalke übernimmt, bastelt er vom ersten Tag konsequent an einer neuen großen Mannschaft. Nur zwei aus dem alten Team genügen seinen Anforderungen: Torwart Norbert Nigbur und Libero Klaus Fichtel. Sieberts Schalke braucht neues Spielermaterial. Ein Diamantenauge für Talente ist Siebert auf der Suche danach nicht abzu-

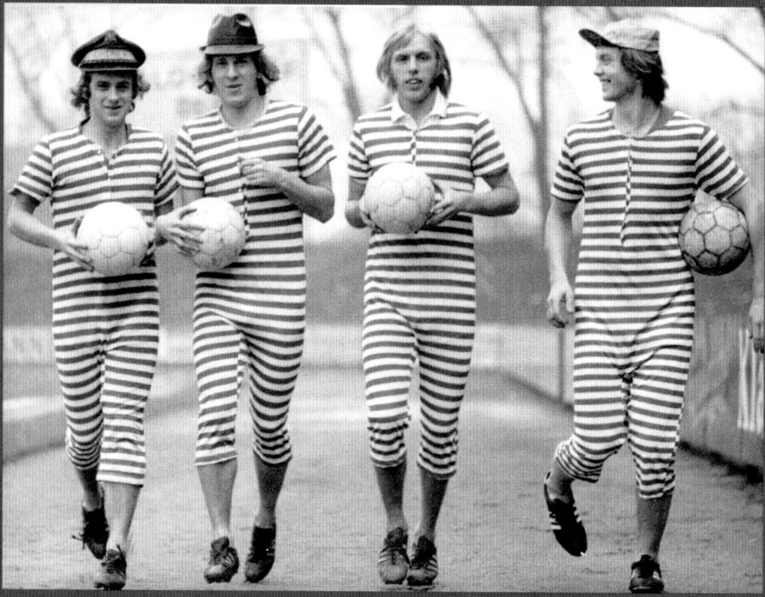

Schalker Spaßfußballer: Helmut Kremers, Herbert Lütkebohmert, Klaus Scheer und Ersatztorwart Helmut Papst (v. l.)

sprechen. Aus der A-Jugend-Nationalmannschaft von 1969 – zu der auch Uli Hoeneß und Paul Breitner gehören – verpflichtet er spätere Schalker Ikonen: Rolf Rüssmann, Jürgen Sobieray und Klaus Scheer. Er holt Reinhard Libuda unter großem Jubel der Fans von Dortmund nach Schalke zurück. Und er räubert ungeniert in Duisburg und wirbt von dort den genialen holländischen Spielmacher Heinz van Haaren ab.

Zu erkennen, wie hoch veranlagt der Marl-Hülser Herbert Lütkebohmert ist, kann Siebert getrost als seine Leistung betrachten. Um Klaus Fischer vom TSV 1860 München in den Kohlenpott zu lotsen, braucht er allerdings auch Bargeld – mit 175.000 DM Ablöse ist der junge Stürmer der bis dahin teuerste Transfer der Schalker Geschichte. Noch mehr muss Siebert ein Jahr später für die Zwillinge Helmut und Erwin Kremers nach Offenbach überweisen. Aber dann hat er sie zusammen, seine blutjunge Traumelf. Sie sorgt in der Saison 1971/72 mit brillantem Offensivspiel unter Coach Ivica Horvat für Begeisterung, so dass die Fans vor jedem Spiel jubeln: „Horvat, lass‘ die Löwen los!" Doch der Bundesliga-Skandal ein Jahr zuvor hat das Team schon auseinandergerissen, bevor es eigentlich los gehen soll. Und so tanzt diese Mannschaft nur einen Sommer: Nigbur – Sobieray, Fichtel, Rüssmann, H. Kremers – Lütkebohmert, van Haaren, Scheer – Libuda, Fischer, E. Kremers.

Der Tag, als Norbert Nigbur unsterblich wird

1971/72 sind im DFB-Pokal Experimente angesagt: Der Wettbewerb wird in Hin- und Rückspielen ausgetragen. Für Schalke im Halbfinale ein Glück. Denn im Hinspiel ist man in Köln mit 1:4 untergegangen. Viel spricht nicht dafür, dass man am 10. Juni 1972 in der Glückauf-Kampfbahn diesen Vorsprung noch aufholen kann.

Doch die Blauen machen in der ersten Halbzeit das beste Spiel der gesamten Saison. Nach 41 Minuten steht es 3:0 und der Vorsprung der Kölner ist dahingeschmolzen wie Butter in der Sonne. Aber Köln kommt zurück. Hennes Löhr schnürt einen Doppelpack und so heißt es insgesamt wieder 6:4 für den FC.

Die Spielzeit verrinnt. Schalke scheint geschlagen. Erst recht, als Beverungen in der 80. Minute einen Elfmeter verschießt. Doch die Horvat-Elf gibt nicht auf, berennt bis zum Schluss, frenetisch angefeuert, das Kölner Tor. Fünf Minuten vor dem Ende erneut Elfmeter für Schalke. Und dieses Mal verwandelt der grandiose Helmut Kremers sicher. Die Kölner spielen nun auf Zeit, schinden Sekunden bei jeder Gelegenheit. Die Fans toben. Schiri Heckeroth lässt fünf Minuten nachspielen, hat die Pfeife schon im Mund zum Abpfiff, da wird Rüssmann im Strafraum von Kapellmann umgerissen. Elfmeter Nummer vier – und „Mano“ Kremers verwandelt zum 5:2. Verlängerung.

Zehn Minuten vor dem Ende der Nachspielzeit haben die Kölner die große Chance, alles klar zu machen. Elfer Nummer fünf. Doch Biskup scheitert an Norbert Nigbur, der seinen ersten Strafstoß hält.

Ein Elfmeterschießen muss die Entscheidung bringen. Fischer und Löhr verwandeln sicher, dann vergibt Libuda. Das Entsetzen der Fans in der atemlos stillen Glückauf-Kampfbahn löst sich in ohrenbetäubenden Jubel auf, als Nigbur den folgenden Schuss von Overath pariert und dann höchstpersönlich den nächsten für Schalke sicher versenkt. Danach verwandeln Thielen, Helmut Kremers (zum dritten Mal!), Biskup, Erwin Kremers, Kapellmann, Fichtel und Simmet. Es bleibt unentschieden. Auf der kleinen Stehtribüne fallen die Fans im Dutzend in Ohnmacht, als Klaus Beverungen seinen zweiten Elfer in diesem Spiel verschießt. Nun scheint das Schalker Schicksal besiegelt. Siegessicher läuft Jürgen Glowacz an, um alles klar zu machen – doch Nigbur hält, er meistert seinen dritten Elfmeter in diesem Wahnsinnsspiel.

Die Kölner sind mit ihren Nerven am Ende. Nun ist der Fußball-Spuk auch schnell vorbei. Heinz van Haaren trifft für Schalke ins Tor, Bernd Cullmann scheitert am Pfosten. Nach insgesamt 21 Elfmetern ist Schalke im Finale. Das dann mit 5:0 gegen den 1. FC Kaiserslautern gewonnen wird. Aber gegen dieses Halbfinale gegen Köln war das Endspiel dann nur noch eine Fußnote der Pokalgeschichte.

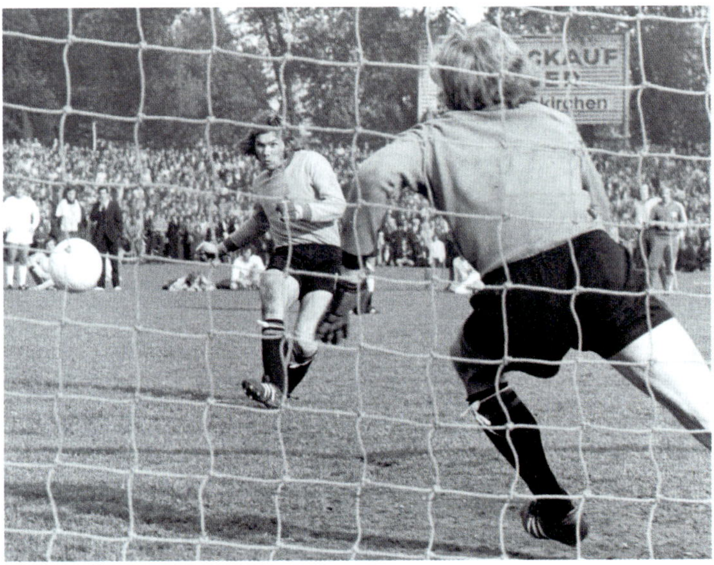

Drei Elfer gehalten, einen verwandelt: Norbert Nigbur wurde zum Helden.

Eine Kabine voller Legenden

Schalkes Mitglieder haben die folgenden blau-weißen Legenden im Laufe der Zeit in die „Ehrenkabine" gewählt. Sie wird sich weiter füllen. Aber man muss ganz Besonderes für den Klub geleistet haben. Zur S04-Ruhmeshalle zählen auch die Spieler der Jahrhundert-Elf (siehe an anderer Stelle) und deren Trainer. Sowie die fünf Ehrenspielführer des Vereins: Thomas Student, Hermann Eppenhoff, Berni Klodt, Manfred Kreuz und Tomasz Wałdoch.

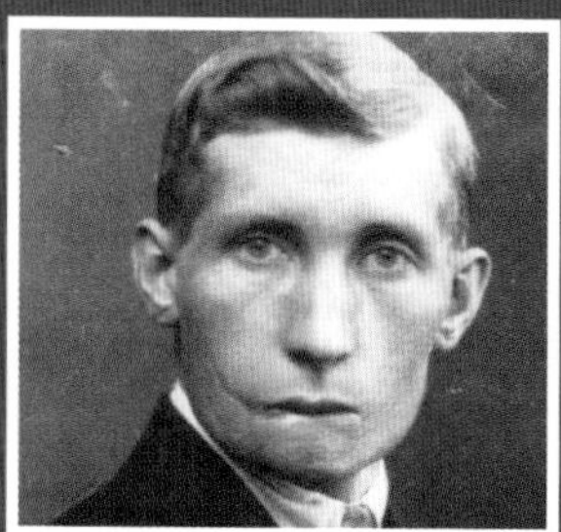

Willy Gies
1.2.1890 –15.9.1931

Ohne ihn gäbe es Schalke 04 nicht. Der 14-jährige Willy Gies unterbreitet 1904 den Jungs der Nachbarschaft einen Plan: Wir gründen einen Fußballverein. Und er prophezeit ihnen: „Wir werden einmal vor 90.000 Zuschauern spielen."

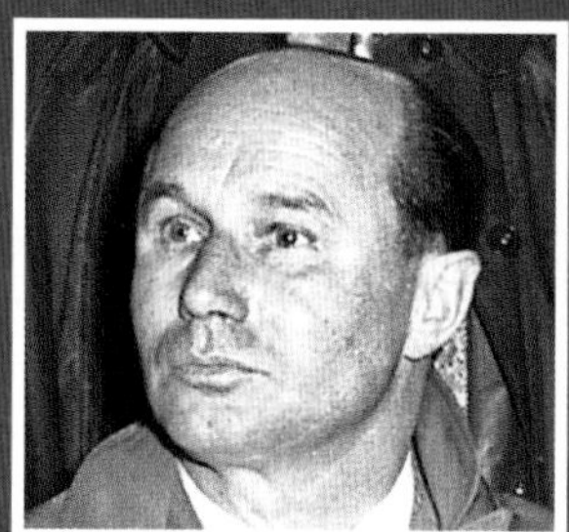

Edi Frühwirth
17.11.1908 – 27.2.1973

Ist von 1954 bis 1959 bei Schalke 04 als Trainer tätig und führt den Klub 1958 zur bisher letzten Deutschen Meisterschaft. Obwohl zu der Zeit „harte Hunde" als Trainer gefragt sind, pflegt der Wiener eher eine weiche Welle. Der Final-Sieg gegen den HSV ist die Krönung seiner Arbeit.

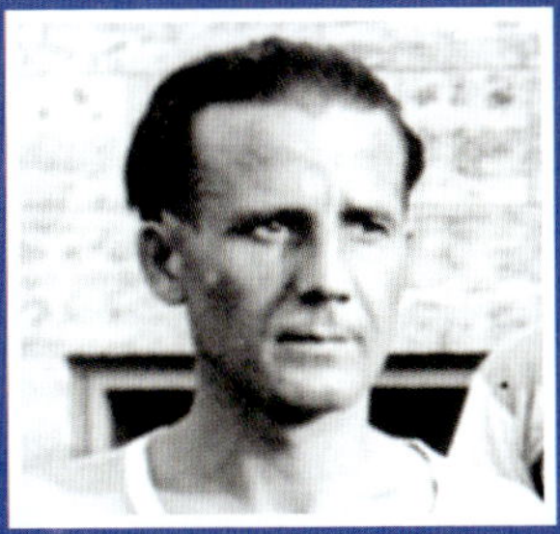

Ernst Kalwitzki
3.10.1909 – 3.2.1991

Ernst Kalwitzki gehört der Kreisel-Mannschaft an und ist ein besonderer Torjäger. Teil von sechs Meisterteams, steuert er wichtige Tore bei. 1939 beim 9:0 gegen Admira Wien sogar deren fünf. Dem Club bleibt er später als Platzwart der Glückauf-Kampfbahn erhalten.

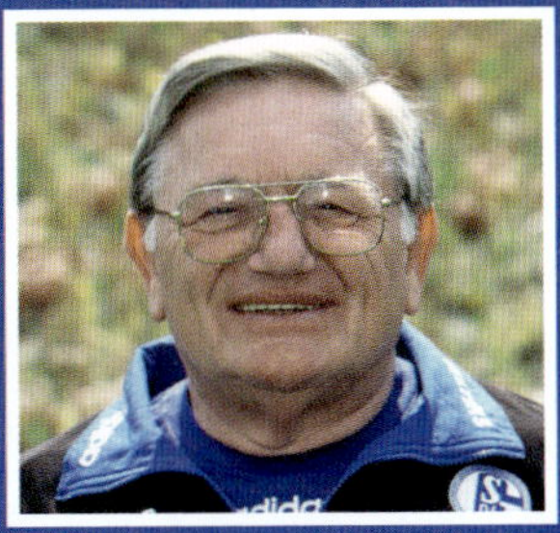

Charly Neumann
29.7.1931 – 11.11.2008

Er ist nie ein großer Fußballer, aber für alle Schalker in ganz Deutschland eine Institution. Er ist ein leidenschaftliches Original, das für alle Fans ein offenes Ohr hat und als Mannschaftsbetreuer den Spielern auf persönliche Weise nahe steht.

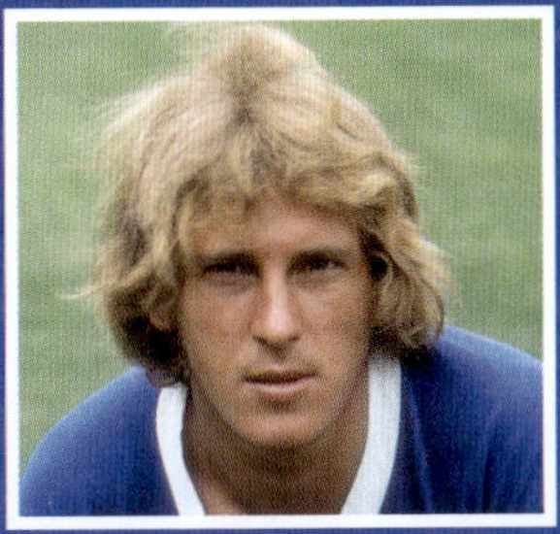

Herbert Lütkebohmert
24.3.1948 – 29.10.1993

Er macht nie ein Länderspiel, ist aber ein ganz Großer. Als unglaublich laufstarker und kämpferischer Mittelfeldspieler ackert er unablässig. Seine Markenzeichen: eine blonde wehende Mähne und herunterhängende Stutzen. So bleibt der „Aki“ allen in Erinnerung.

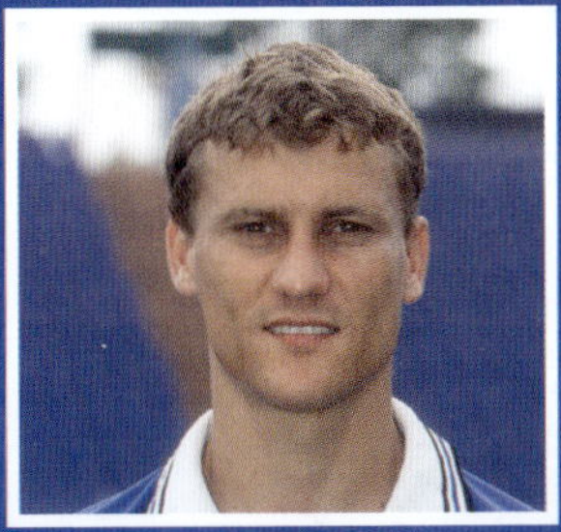

Ebbe Sand
19.7.1972

Sieben Jahre ist er der absolute Publikumsliebling. In der Fast-Meister-Saison 2000/2001 ist er mit 22 Toren maßgeblich am Erfolg beteiligt. Als er sich in der Arena 2006 mit einem Abschiedsspiel verabschiedet, fließen viele Tränen. Der Däne bleibt unvergesslich.

Schalker hall of fame

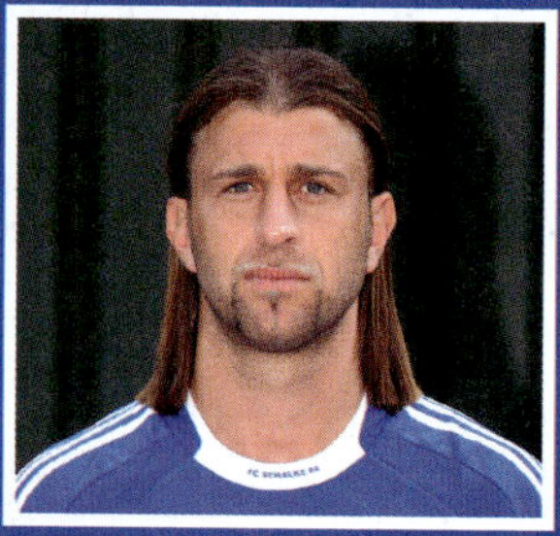

Marcelo Bordon
7.1.1976

Sechs Jahre lang ist er auf Schalke der Turm in der Schlacht und der unumstrittene Abwehrchef. Drei Jahre davon führt er das Team als Kapitän auf das Feld. Durch ihn verfügt Schalke jahrelang über die beste Defensive. Erhielt ein hochemotionales Abschiedsspiel.

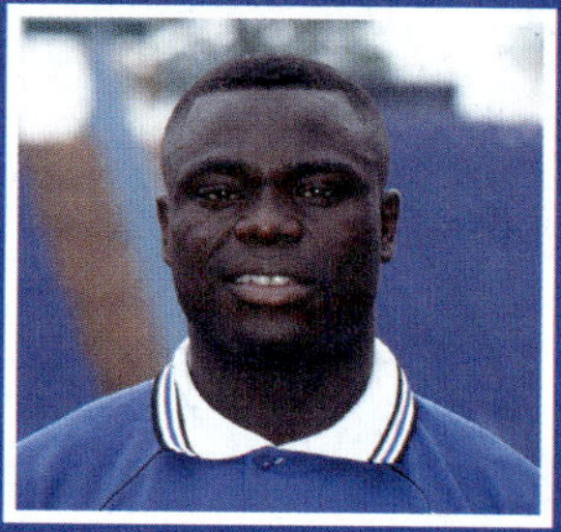

Gerald Asamoah
3.10.1978

Auf dem Platz ein bulliger Kämpfer, außerhalb ein immer gut gelaunter, freundlicher Zeitgenosse. Der Ghanaer Gerald Asamoah erobert in elf Jahren auf Schalke die Herzen der Fans. Auch für die Nationalmannschaft schreibt er in 44 Einsätzen und bei zwei Weltmeisterschaften Geschichte.

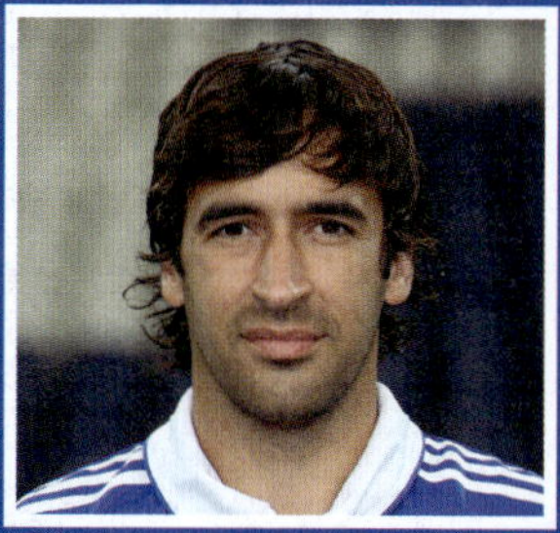

Raúl
27.6.1977

Nur zwei Jahre wirkt der spanische Superstar von Real Madrid auf Schalke. Sie reichen aber aus, um ihm Kultstatus zu verschaffen. Sein Spiel ist wie ein Sahnehäubchen auf eine insgesamt erfolgreiche Zeit. Er schießt 27 Treffer, darunter Tore des Monats und des Jahres und gewinnt 2011 den DFB-Pokal.

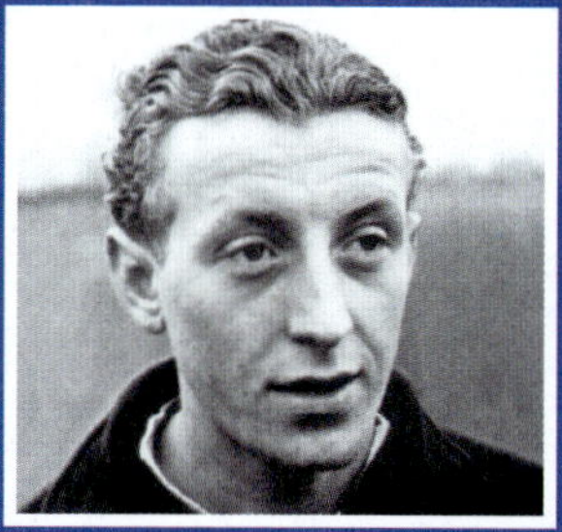

Adolf Urban
9.1.1914 – 27.5.1943

Vier Meistertitel und ein Pokalerfolg stehen in seiner Vita. Für die Nationalmannschaft erzielt er in 21 Partien elf Tore. Als schneller Linksaußen ist er der Liebling des Schalker Publikums. Und verliert mit 29 Jahren wie so viele sinnlos sein Leben im Krieg bei einem Granatwerferbeschuss.

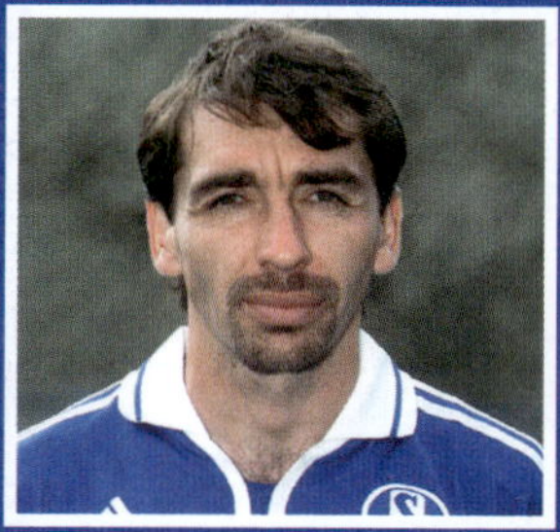

Jiří Němec
15.5.1966

Über neun Jahre ist er auf Schalke der große „Schweiger", weil seine Interviews rar sind wie Diamanten. Aber auch der „Meister" wegen seiner überragenden Fähigkeiten, den zahllosen Ballgewinnen und klugen Pässen. Einer der besten Einkäufe der Vereinsgeschichte.

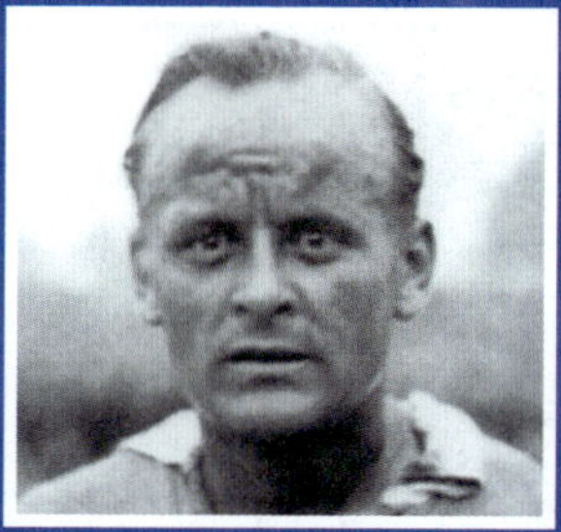

Otto Tibulsky
15.12.1912 – 25.2.1991

Alle nennen ihn nur „Ötte". Sind Szepan und Kuzorra in den Meisterteams der dreißiger Jahre für den Wirbel vorne zuständig, ist er hinten der große Organisator. Träger des Ehrenrings des Vereins und später langjähriger Betreiber der Stadiongaststätte. Bei 14 Endspielen für Schalke auf dem Platz.

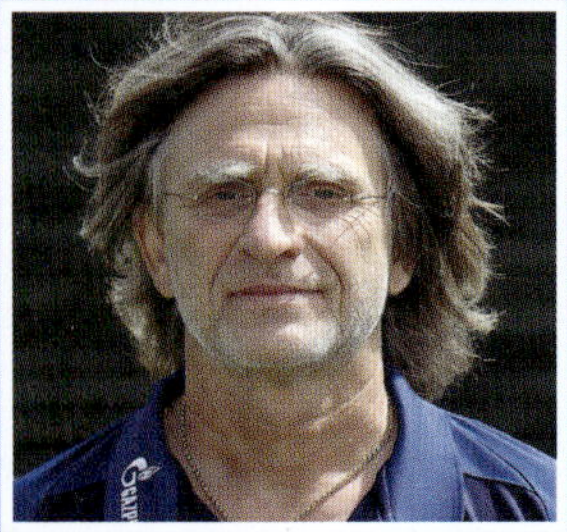

Norbert Elgert

13.1.1957

Seine eigene fußballerische Karriere bei Schalke 04 ist begrenzt. Dafür ist er der „Knappenschmied" schlechthin. Unter seiner Führung bringt die Jugendabteilung der Schalker einen erstklassigen Fußballer nach dem anderen hervor. So die Weltmeister Neuer, Höwedes, Özil und Draxler

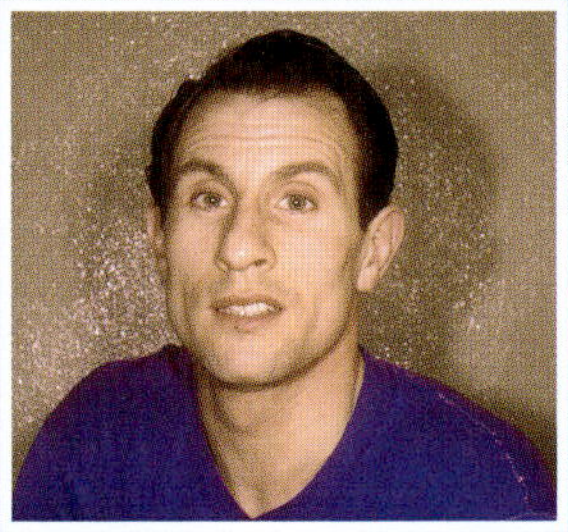

Willi Koslowski

17.2.1937

In der Fußballgeschichte hat der „Schwatte" seinen Platz mehrfach sicher. Als Stammspieler der Meistermannschaft von 1958, als Mitglied des DFB-Teams bei der WM 1962 in Chile. Und als Schütze des ersten S04 Tores in der Bundesliga-Geschichte. Noch im hohen Alter ist er für den Verein aktiv.

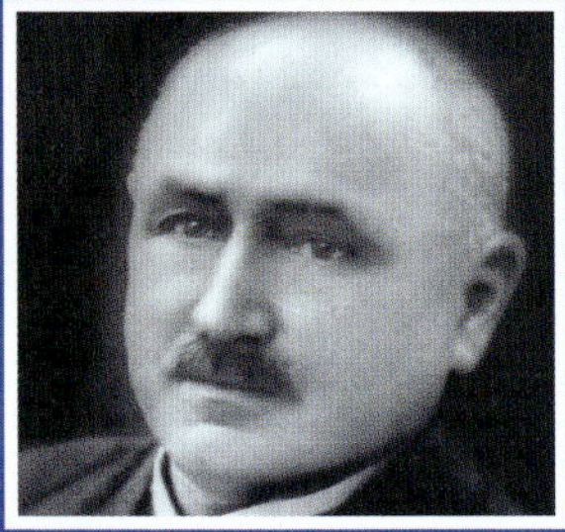

Fritz Unkel

28.8.1865 – 4.11.1944

Unter seiner Präsidentschaft wird Schalke zur Legende und vier Mal Meister (darunter 1937 das Double). Unkel verpasst dem Klub erste profiähnliche Strukturen und baut 1927/28 die Glückauf Kampfbahn als damals eine der modernsten Spielstätten in Deutschland.

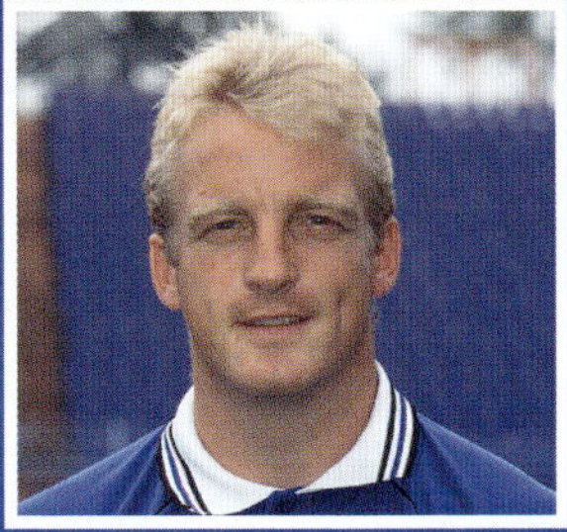

Mike Büskens

19.3.1968

„Buyo" verkörpert jenes Schalke, das sich über Identifikation und Maloche definiert. Als Spieler gewinnt er zwei Mal den DFB-Pokal und jenes sagenumwobene Finale im UEFA-Cup in und gegen Mailand. Führt Schalke als Interimstrainer zurück in die Bundesliga und setzt sich dadurch selbst sein Denkmal.

„Die Null muss stehen“

Als die Fans des FC Schalke 2004 aufgerufen werden, dem soeben gewählten „Jahrhundert-Team“ auch einen Trainer zur Seite zu stellen, kann es nur einen geben – Huub Stevens.

Drei Titel hatte der Holländer seit seinem Antritt auf Schalke 1996 für die Blauen geholt. Am wertvollsten gewiss der UEFA-Cup mit einer Elf der Namenlosen, die danach als „Eurofighter“ nicht nur in die Schalker Geschichtsbücher eingeht. Aber auch die beiden Pokalsiege 2001 und 2002 sowie die Vizemeisterschaft in der berühmt-berüchtigten „Meister der Herzen“-Saison gehen mit seinem Namen verbunden in die Annalen ein. Stevens verbindet eine herzliche Freundschaft mit Manager Rudi Assauer. Er setzt sportlich um, was Assauer vorgeplant hat. Dabei wird seine UEFA-Cup-Maxime zu einem geflügelten Wort: „Die Null muss stehen!“ Womit er der Auswärtstor-Regelung Rechnung trägt. Stevens ist bekannt für grantige Sprüche. Journalisten können ein Lied davon singen und geben ihm bald die Bezeichnung „Knurrer von Kerkrade“. Stevens kann damit gut leben, weil für ihn der Verein und sein Wohlergehen immer an erster Stelle steht. Mit überwältigender Mehrheit wird Stevens 2018 auch deshalb in den Aufsichtsrat gewählt.

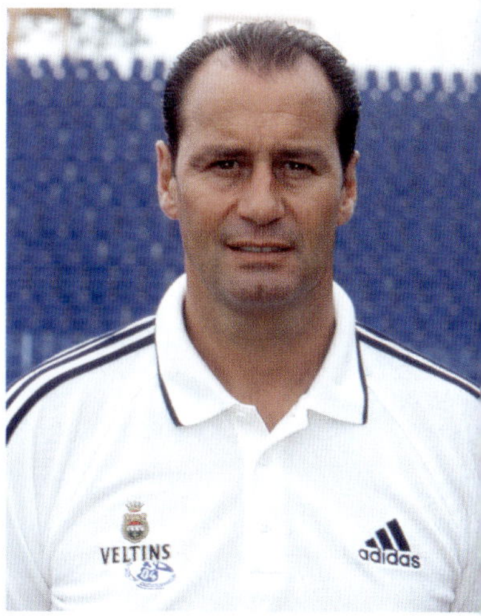

Schalkes Jahrhundert-Trainer Huub Stevens

Noch zwei Mal – 2019 und 2020 – kehrt er in verantwortlicher Trainer-Position zurück und versucht, seinem Herzens-Verein aus der Patsche zu helfen. Einmal gelingt ihm das. Ausgerechnet in Dortmund rettet er Schalke mit einem 4:2-Sieg vor dem Abstieg. Ein Jahr später aber ist bereits alles zu spät. Als Interimstrainer kann er den Abstieg einer Trümmertruppe auch nicht mehr verhindern.

Die „Tanne“ und der „Bauer“

Meisterschaftsspiele und erzielte Tore, das sind die Arbeitsnachweise von Fußball-Profis. Entsprechend weisen alle Vereine in ihren Statistiken ihre wichtigsten Stammkräfte aus. Bei Schalke sind in diesen Tabellen die ersten Plätze auf Ewigkeit vergeben.

Klaus Fichtel und Klaus Fischer sind ganz besondere Vereins-Ikonen. Nach dem Krieg sind sie wohl die wichtigsten Spieler des Vereins. Ein Blick in die Statistiken scheint da gar nicht nötig, um den Korsettstangen der legendären Pokalsieger-Mannschaft von 1972 diesen Stellenwert zuzuschreiben. Aber die 477 Liga-Spiele, die Fichtel für Schalke absolviert, sind für künftige Generationen von S04-Spielern ebenso unerreichbar wie die sagenhaften 182 Tore, die Fischer für Schalke allein in der Bundesliga erzielt – Rekorde für die Ewigkeit.

Die beiden beginnen ihren gemeinsamen Weg auf Schalke 1970. Da kommt der „Bauer“, wie sie Klaus Fischer wegen seiner Herkunft aus dem bayerischen Zwiesel nennen, zur Glückauf-Kampfbahn. Vorhergegangen ist ein wahres Tauziehen um ihn mit seinem vorherigen Verein 1860 München. 175.000 Mark Ablöse muss Schalke am Ende berappen. Aber Fischer ist jeden Pfennig wert. Gewissermaßen zahlt er mit Toren zurück.

Der fünf Jahre ältere Klaus Fichtel hat 1970 schon fünf Jahre Schalke hinter sich. Überwiegend im Abstiegskampf tätig, wird er in Fachkreisen schon als der beste deutsche Libero nach Franz Beckenbauer angesehen. Auch Einsätze in der Nationalelf hat er hinter sich. In Mexiko bei der WM ist er eine Stütze des Teams von Helmut Schön. Gemeinsam machen sie sich an die Aufgabe, Schalke an die nationale Spitze zu bringen. Sie sind auf einem guten Weg, da bremsen sie sich mit der größten Dummheit ihres Lebens selber aus: Fichtel und Fischer gehören zum Kreis der Spieler, die „Schmiergeld“ annehmen und dafür gesperrt werden. Zwar kehren sie zurück – Klaus Fischer sogar in die Nationalmannschaft –, aber die angestrebten ganz großen Erfolge auf Schalke lassen sich nicht mehr erreichen.

Die glorreichen Vier

Auch wenn die Fußball-Bundesliga als oberste Spielklasse noch 100 Jahre existiert und Schalke ihr immer angehört: Die ersten vier der Vereins-Rangliste mit den meisten Erstliga-Spielen werden unangefochten bleiben.

Eine Rechnung macht das deutlich. Um mehr als 300 Spiele für Schalke zu bestreiten, muss man neun Jahre beim Klub spielen und in der Zeit kein einziges Meisterschaftsspiel verpassen. Wem das gelingt, der hat Rolf Rüssmann vom dritten Platz verdrängt. In der heutigen Zeit ist das eigentlich undenkbar. Umso eindrucksvoller ist da der zehnte Platz von Benedikt Höwedes, der es in seiner Zeit auf Schalke immer mit Verletzungen zu tun hat und dennoch auf stolze 240 Spiele kommt. Ansonsten wird die Top Ten bestückt mit Spielern aus den goldenen Siebzigern (fünf) und den Eurofightern (90er Jahre). Dazu gesellt sich mit Gerald Asamoah einer aus der „Meister-der-Herzen"-Generation.

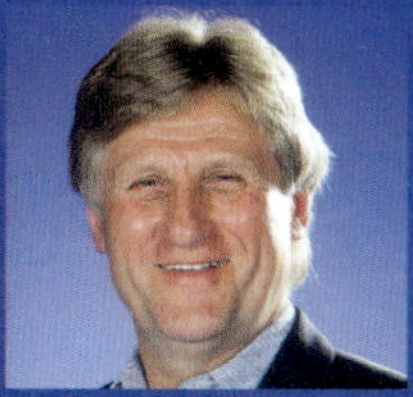

Klaus Fichtel (477 Spiele)

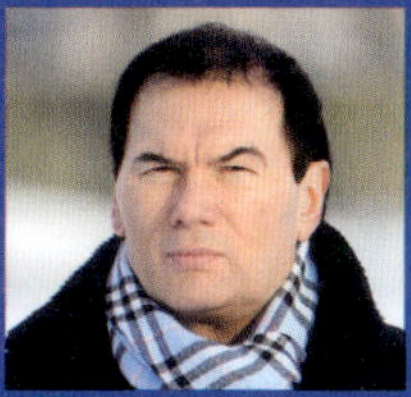

Norbert Nigbur (355 Spiele)

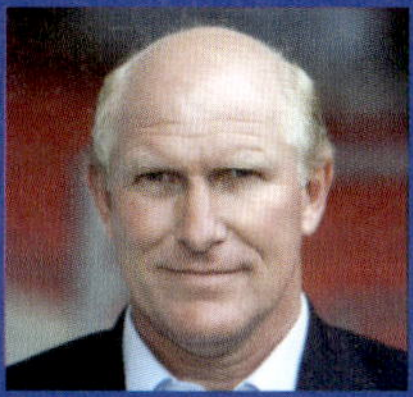

Rolf Rüssmann (304 Spiele)

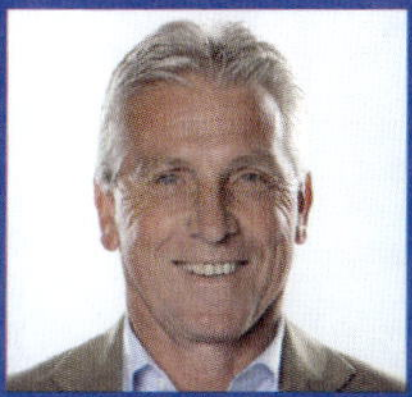

Klaus Fischer (295 Spiele)

Die besten zehn bei den Erstliga-Einsätzen:
Klaus Fichtel (477 Spiele), Norbert Nigbur (355), Rolf Rüssmann (304), Klaus Fischer (295), Olaf Thon (295), Herbert Lütkebohmert (286), Gerald Asamoah (279), Mike Büskens (257), Jiří Němec (256), Benedikt Höwedes (240)

Galerie der Knipser

Klaas-Jan Huntelaar ist für Schalke wie ein Sechser im Lotto. Mit seinem Sturmpartner Raúl verzückt er die Arena und bringt es in seiner Zeit auf starke 82 Bundesligatreffer. Aber einer schießt noch einmal 100 mehr – Klaus Fischer ist auf ewig Schalkes bester Torjäger.

Stürmer werden an ihren erzielten Toren gemessen. Nach diesen richtet sich ihr Wert in der Mannschaft und auch in der Vereinshistorie. In den letzten Jahrzehnten dominieren auf Schalke vier Vollblutstürmer die Ranglisten. Klaus Fischer als unangefochtene Nummer eins steht für die Siebziger, Huntelaar für das aktuelle Jahrzehnt. Ebbe Sand verkörpert die ersten Jahre des neuen Jahrhunderts. Ihm folgt Kevin Kurányi als legitimer Nachfolger. Mit Erwin Kremers und Rüdiger Abramczik schaffen es zwei Außen in die Top Ten, die für viele „Buden" von Klaus Fischer als Vorbereiter verantwortlich sind. Helmut Kremers ist der einzige Abwehrspieler. Verwandelte Elfmeter und Freistöße bringen ihn auf Platz acht.

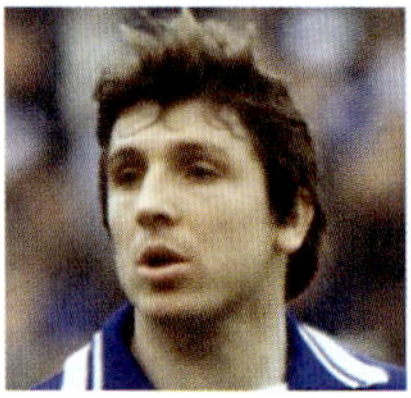

Klaus Fischer
(182 Tore)

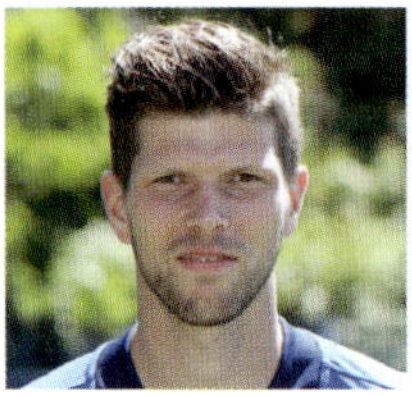

Klaas-Jan Huntelaar
(84 Tore)

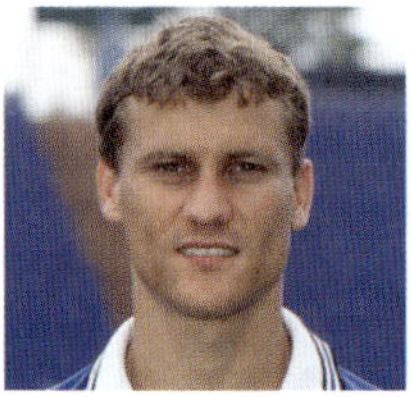

Ebbe Sand
(74 Tore)

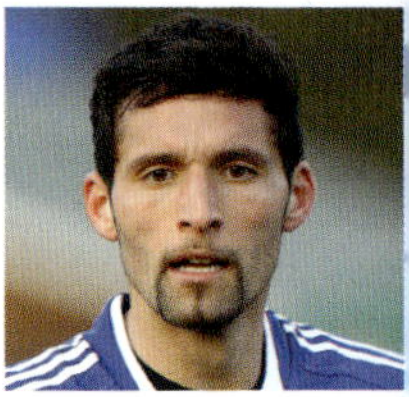

Kevin Kurányi
(71 Tore)

Die besten zehn Bundesliga-Torschützen:
Klaus Fischer (182 Tore), Klaas-Jan Huntelaar (84), Ebbe Sand (74), Kevin Kurányi (71), Olaf Thon (52), Erwin Kremers (50), Ingo Anderbrügge (46), Helmut Kremers (45), Gerald Asamoah (44), Rüdiger Abramczik (44)

Der Pabst im Tor

Phänomen, Mythos, Kult – aber gar eine Religion? „Wenn in Gelsenkirchen jemand in Not ist, dann wendet er sich entweder an die Kirche. Oder an Schalke 04." Sagt Peter Peters, Ex-Vorstand beim FC Schalke, und weist seinem Klub damit zumindest auch seelsorgerische Kompetenzen zu.

Und in einer zunehmend gottlosen Zeit sehnen sich die Menschen vielleicht immer mehr nach etwas Überirdischem, dem sie ihre eigene Existenz widmen, an das sie auch „glauben" können. Ob dazu gerade ein Profiunternehmen mit durchweg weltlichem Gebaren taugt, sei dahin gestellt. Andererseits erinnern die Aufmärsche der Trommler und Fahnenschwenker, das pathetische Vereinslied oder die tausendfachen Stoßseufzer gen Himmel, wenn die Mannschaft kurz vor dem Ende mal wieder kaum aus dem eigenen Strafraum kommt, schon an Messen oder Prozessionen. Zudem nennt sich ein Fanzine allen Ernstes „Schalke Unser".

Und: Schalke hat in der Arena eine eigene Kapelle. Papst Johannes Paul II. hält nicht nur im Parkstadion vor 100.000 Gläubigen eine Messe, er ist bis zu seinem Tod auch Ehrenmitglied von Schalke. Und Schalke hat sogar mal einen „Pabst" im Tor. Der heißt Helmut mit Vornamen und ist Norbert Nigburs Stellvertreter auf Erden. Ein bisschen bringt Schalke also schon mit für eine „Ersatz-Religion". Auch wenn die Fans den Glauben an den Fußballgott 2001 wohl verloren haben. Religion, Glaube oder was auch immer. Es ist wohl was dran: Keiner kommt an Gott vorbei. Auch nicht Stan Libuda. Gott habe ihn selig.

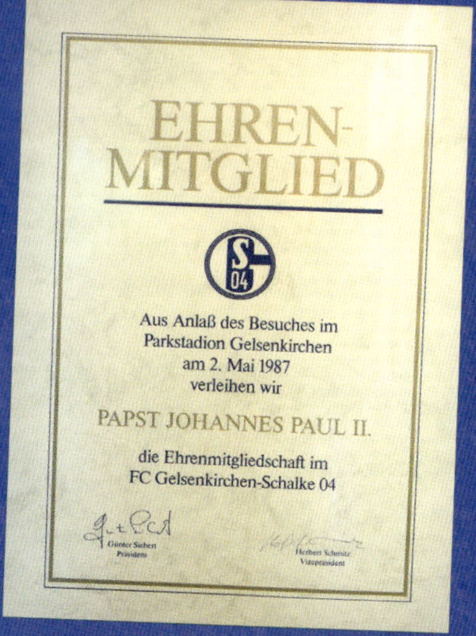
EHREN-
MITGLIED

S 04

Aus Anlaß des Besuches im
Parkstadion Gelsenkirchen
am 2. Mai 1987
verleihen wir

PAPST JOHANNES PAUL II.

die Ehrenmitgliedschaft im
FC Gelsenkirchen-Schalke 04

Günter Siebert
Präsident

Herbert Schmitz
Vizepräsident

FC Schalke 04. Eine Zeitreise seit 1945

Große Erfolge und Meilensteine der Vereinsgeschichte sind nicht berücksichtigt, weil überall nachzulesen. Zudem ist diese Auflistung naturgemäß unvollständig und ein wenig subjektiv.

1945 Mitte April nehmen amerikanische Truppen die Stadt Gelsenkirchen, die größtenteils in Trümmern liegt, ein. Der Zweite Weltkrieg samt Nazi-Horror ist für die Menschen beendet. Sie kehren nach und nach zur Normalität zurück. Dazu gehört auch wieder der Fußball. Schalke 04 bestreitet sein erstes Spiel am 22. Juli gegen eine Stadtauswahl Wanne-Eickel (7:1). Einige namhafte Spieler sind noch in Kriegsgefangenschaft. Aber Szepan und Kuzorra führen das Team aufs Feld.

1947 Schalke droht akut der Abstieg. Doch der Verband entschließt sich zur Aufstockung der Oberliga von 13 auf 16 Vereine. Schalke, eigentlich abgestiegen, erhält die Chance, durch Relegationsspiele einen der drei neuen Starterplätze zu ergattern. Ein 1:0 gegen Leverkusen und ein 9:0 gegen Benrath sichern den kriegsgeschädigten Königsblauen die weitere Teilnahme an der Oberliga West.

1950 30.000 Zuschauer sind in die Glückauf-Kampfbahn gekommen, als die brasilianische Mannschaft von Atletico Mineiro Belo Horizonte zu Gast ist. Vor allem aber wollen sie beim Abschiedsspiel von Ernst Kuzorra und Fritz Szepan zugegen sein. Die Schwäger gehen Arm in Arm vom Feld und beenden so eine ruhmreiche Ära.

1956 Am 22. Dezember 1956 beendet ein weiterer Großer der Vorkriegsmannschaften seine Karriere. Hermann Eppenhoff wird

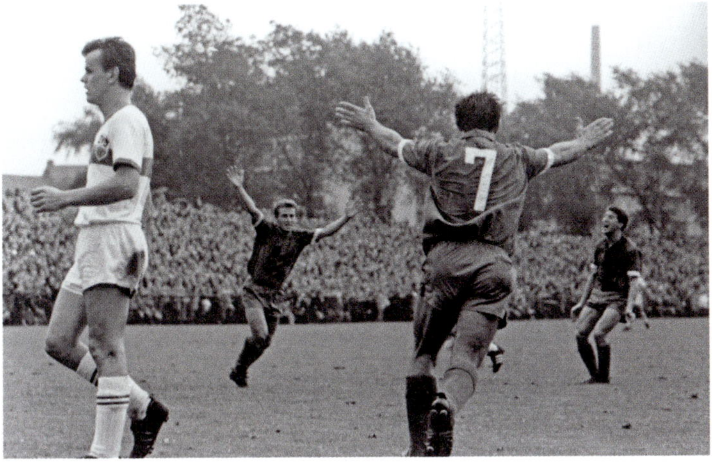

Eine historische Sekunde: Soeben ist das erste Tor der Schalker Bundesligageschichte mit dem 1:0 gegen den VfB Stuttgart gefallen. Willi Koslowski (Nummer 7) hat es erzielt. Günter Herrmann und Waldemar Gerhardt jubeln mit ihm.

bei der offiziellen Einweihung der Flutlichtanlage in der Glückauf-Kampfbahn würdig verabschiedet. Taschenlampen, Feuerzeuge und Streichhölzer weisen ihm den Weg vom Rasen. Draußen wartet sein Mentor und Freund Ernst Kuzorra. Ein bewegender Schlusspunkt einer großen Laufbahn.

Der Gewinn der Deutschen Meisterschaft 1958 ermöglicht den Schalkern die Teilnahme am Europapokal der Landesmeister. Dort schlägt man sich tapfer, dringt bis ins Viertelfinale vor. Vor 110.000 Zuschauern unterliegt der S04 in Madrid gegen Atlético mit 0:3. Im Rückspiel vor 43.000 Fans reicht es nur zu einem 1:1. **1959**

Wieder geht es ums Geld und um schwarze Kassen. Und es entwickelt sich eine der größten Schlammschlachten im Verein. Spieler werden „brutto für netto" bezahlt. Die Summen lassen die Fans erblassen. Das Landgericht Essen befasst sich mit einem wahren Sumpf. Schmutzige Wäsche wird **1961** haufenweise gewaschen und die Lizenz für die neue Bundesliga ist schwer in Gefahr. Am Ende kommt der Verein mit einem königsblauen Auge davon.

1963 Die nagelneue Bundesliga ist der erwartete Zuschauermagnet. Vereine aus dem Süden oder Norden der Republik haben fast Exotenstatus. Aber das erste ausverkaufte Spiel in der Glückauf-Kampfbahn ist ein Westschlager. Borussia Dortmund wird mit 3:1 besiegt.

1965 Das erste Liga-Spiel seiner großen Karriere bestreitet Klaus Fichtel für Schalke in Stuttgart. Mit einem Eigentor „besorgt" er die 0:1-Niederlage persönlich. Sein erstes Spiel für Schalke überhaupt absolviert er in einem Testspiel bei BV Altenessen. Eine derartige Laufbahn hat aber von denen, die dabei waren, keiner dem schmächtigen Ex-Ickerner zugetraut.

1966 Es ist ein sonniger Nachmittag und nur wenige Zuschauer scheinen sich an diesem letzten Spieltag der Saison 1965/66 eher in die Glückauf-Kampfbahn „verirrt" zu haben. Ein Jahr voller Zittern und Ängste hat schon 14 Tage zuvor durch einen Sieg über Borussia Neunkirchen ein glückliches Ende genommen. Das 4:0 gegen Absteiger Tasmania Berlin weckt Hoffnung auf bessere Zeiten. Harald Klose erzielt dabei zwei Tore.

1967 Das Abstiegsgespenst bleibt den Schalkern in diesen Jahren im Nacken. Ein schlimmer Start in die Spielzeit 1967/68 mutet den Fans gar 706 Minuten ohne ein eigenes Tor zu. Erst am 14. Oktober bricht Manfred Pohlschmidt mit seinem Treffer zum 1:1-Ausgleich in Duisburg den Bann. Eine Woche später folgt dann auch der erste Saisonsieg (2:1 gegen den HSV).

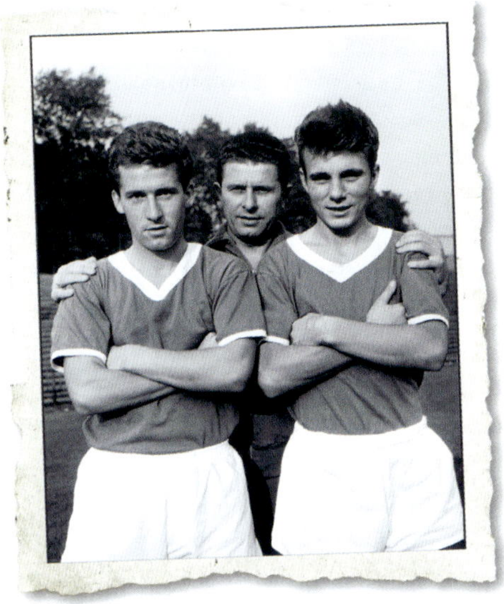

Zwei Schalker Hoffnungsträger der frühen Bundesligajahre: die Edeltechniker Günter Herrmann und Reinhard Libuda

Doch das Jahr hält auch wundersame Geschehnisse für die Kummer geplagten S04-Fans bereit. Am Ende der ersten Serie legt ihnen die limitierte Mannschaft drei Siege und ein Unentschieden unter den Gabentisch. Darunter ein schier unfassbares 5:1 bei Borussia Neunkirchen am 25.11., übrigens schon um 14.30 Uhr (statt 16 Uhr) angepfiffen. **1967**

Unter Günter Siebert soll alles besser werden. Vor der Saison 1968/69 wird viel Geld in die Hand genommen und in die Mannschaft investiert. Unter anderen wird auch der Österreicher Franz Hasil verpflichtet. Es ist ein enttäuschendes Gastspiel. Aber am 28.9. schießt er beim 4:1-Heimsieg gegen den 1. FC Nürnberg drei Tore. Das reicht für eine Fußnote in den Annalen. **1968**

1969 Das Erreichen des Pokalendspiels 1969 (1:2 gegen Double-Gewinner Bayern) beschert erstmals seit 1958 Schalke wieder Europapokal-Flair. Das erste Heimspiel-Spiel findet an einem nebligen Abend gegen die Iren von Shamrock Rovers statt. Libuda ist unwiderstehlich, Schalke siegt 3:0, tilgt die 1:2-Hinspiel-Niederlage und kommt am Ende sogar bis ins Halbfinale.

1970 „Stan" Libuda und Klaus Fichtel vertreten Schalke 04 bei der legendären WM in Mexiko würdig. Aber noch größer ist ihr Anteil daran, dass Deutschland sich überhaupt für das Turnier qualifiziert. Am 22.10.1969 in Hamburg gegen Schottland drehen Fichtel (zum 2:2-Ausgleich) und Reinhard Libuda (zum 3:2-Siegtreffer) ein fast schon verloren geglaubtes Spiel und sichern so dem DFB-Team die WM-Teilnahme.

1971 Was für ein Raketenstart in die Spielzeit 1971/72! Der 5:1-Sieg in Hannover bringt die „Löwen" von Trainer Horvat direkt an die Tabellenspitze. Zur Halbzeit führt „96"noch, doch vier Tore von Klaus Fischer bereiten die Fans auf glückselige Wochen vor. Denn diese Tore sollen nicht seine letzten bleiben.

1973 Der Skandal hat auf Schalke eine tolle Mannschaft ruiniert. Als auch noch Rüssmann, Fichtel und Lütkebohmert gesperrt werden sollen und Schalke damit vor dem Abstieg steht, drohen die Fans mit einer Stadion-Besetzung. Das Spiel gegen den 1. FC Köln wird einen Monat später ausgetragen. Mit einer Rumpfelf gelingt vor 35.000 ein 2:2. Der Abstiegskampf dieser Monate ist ein Highlight der Vereinsgeschichte.
Die Rettung gelingt am vorletzten Spieltag durch einen 1:0-Sieg (Torschütze Erwin Kremers) beim MSV Duisburg. Das macht den Abschied von der Glückauf-Kampfbahn eine Woche später gleich viel entspannter. Die Geschichte der Glückauf Kampfbahn als Spielstätte des FC Schalke endet am 9. Juni mit einem 2:0-Sieg gegen den Hamburger SV.

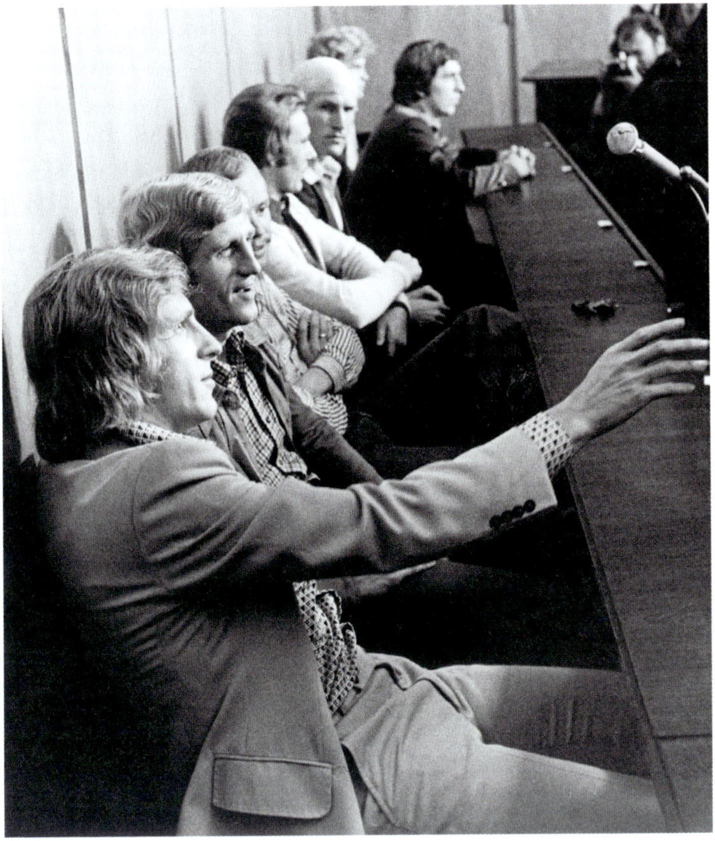

Schalker Sünderbank im Essener Landgericht: Herbert Lütkebohmert, Klaus Fichtel, Jürgen Wittkamp, Reinhard Libuda, Rolf Rüssmann, Klaus Fischer und Jürgen Galbierz (von links)

1973

Ein gutes Jahr schmort Klaus Fischer wegen seiner Beteiligung am Bundesliga-Skandal auf der Tribüne. Am 6. Oktober 1973 darf er nach seiner Begnadigung durch den DFB wieder mitmischen. Und er fängt damit an, womit er aufgehört hat. Gegen den Wuppertaler SV trifft er im Parkstadion beim 4:2 gleich dreifach.

1976 Gegen die Bayern hat Schalke gewöhnlich nicht viel zu lachen. Dass der höchste Bundesligasieg der Knappen ausgerechnet in München stattfindet, ist irgendwie auch eine Ironie der Geschichte. 7:0 gewinnt Schalke am 9. Oktober im Olympiastadion – für die Bayern eine Demütigung. Entsprechend fällt die Rache aus: Ein Jahr später verliert Schalke an gleicher Stelle 1:7.

1977 Von Wiedervereinigung ist noch lange keine Rede, als Schalke im UEFA-Cup den 1. FC Magdeburg zugeteilt bekommt. Wer glaubt, es handele sich um ein Glückslos, muss seine geringschätzige Meinung über den DDR-Fußball schnell korrigieren. Dem 1:3 im Osten folgt eine 2:4-Klatsche vor 70.000 Zuschauern im Parkstadion. Irgendwie leitet diese bittere Niederlage schon den Niedergang in den 80er Jahren ein.

1980 Mit neuem Trainer und einer radikal verjüngten Mannschaft will Schalke 04 nach der Tristesse der End-Siebziger Jahre einen Neustart planen. Coach Fahrudin Jusufi setzt konsequent auf die Jugend. Auch für den damals 36-Jährigen Klaus Fichtel ist kein Platz mehr. Das Ende ist bekannt: Fichtel ist noch drei Jahre ein großartiger Abwehrchef an der Weser. Schalke steigt ab.

1981 Nach dem Abstiegsschock setzt sich unter den Fans schon bald ein trotziges „Wir steigen wieder auf“ durch. Die zweite Liga spielt zum ersten Mal ungeteilt. Und hat in Schalke ihr großes Zugpferd. 50.000 erleben im Parkstadion das erste Zweitliga-Spiel. 3:1 wird 1860 München bezwungen. Am Ende der Saison steht der direkte Wiederaufstieg.

1983 Als nach einer enttäuschenden Saison in der Bundesliga zumindest der 16. Platz erreicht wird, ist der Optimismus groß, gegen Bayer Uerdingen die Relegation für sich zu entscheiden und im Oberhaus bleiben zu können. Dann die große Ernüchterung. Ein überragender Mathias Herget führt den Krefelder Werksklub durch ein 3:1 im Heimspiel und ein 1:1 im Parkstadion in die Bundesliga. Schalke ist am Boden.

Ab dem 12. Spieltag der Saison 1982/83 ist Walter Junghans Schalkes Stammtorwart. Nie gänzlich unumstritten. Oft hallt es nach Patzern von den Rängen: Mein Gott, Walter! Aber am erneuten Wiederaufstieg 1984 hat der Bayer, der mal als größtes Torwarttalent in Deutschland gehandelt wird, einen ganz großen Anteil. **1984**

Schalke droht an riesigen Finanzproblemen zu scheitern. Fast die ganze Mannschaft muss verkauft werden. Nur Olaf Thon bleibt. Und Toni Schumacher, der sich in Köln durch ein Buchprojekt ins „Abseits" verfrachtet hat, wird als großer Rückhalt nach Schalke gelotst. Aber Thöni und Toni sind am Ende zu wenig. Wieder geht es runter. **1988**

Der UEFA-Cup-Sieg in Mailand bleibt ohnehin eine wundersame Geschichte. Aber noch mehr, wenn man weiß, wie stark Schalke personell gebeutelt ist. In der Bundesliga taumelt man von einer Pleite in die nächste. Dann verletzen sich auch noch in Karlsruhe die einzigen Stürmer Martin Max und Youri Mulder. Immerhin wird Max noch rechtzeitig für die Final-Spiele fit. **1997**

Das vermaledeite Saisonende der „Meister der Herzen". In Bochum wird gegen den feststehenden Absteiger nicht gewonnen – und zwei Punkte werden liegen gelassen. Noch schlimmer ist der 33. Spieltag in Stuttgart: Ohne Courage verlieren sie in der letzten Sekunde. Genau zur gleichen Zeit siegt Bayern noch in der Nachspielzeit. Der Rest ist bekannt. Eine Woche später ist es noch schlimmer. **2001**

2002 Auch für einen späteren Jahrhunderttrainer kommt mal der Abschied. Mit Huub Stevens Arbeit sind längst nicht mehr alle zufrieden. Das Spiel auf dem Rasen wirkt zu statisch. Intern scheint er auch verbraucht. Am letzten Spieltag gelingt so gerade noch die Qualifikation für Europa. Doch der Pokalsieg gegen Leverkusen sorgt für ein versöhnliches Ende und einen großen Abschied.

2004 100 Jahre Schalke 04! Auch wenn sich unter Coach Jupp Heynckes der große sportliche Erfolg nicht einstellen will, wirkt der Jubilar frisch und zukunftsorientiert. Stolz marschieren in der schmucken Arena die Heroen der vergangenen Jahrzehnte auf. Und die Fans schwelgen in Erinnerungen und sind stolz auf ihren S04.

2007 Wieder platzen Titel-Träume bei Derbys in der Nachbarschaft. In Bochum wird 1:2 verloren. 14 Tage später hätte aber immer noch ein Sieg in Dortmund gereicht. Der BVB spielt bis dahin eine Grotten-Saison, aber ausgerechnet in diesem Derby hauen sie alles rein. Schalke verliert 0:2 und die Meisterschaft an den VfB Stuttgart. Und langsam auch den Glauben an einen Fußball-Gott.

2011 Erneut ist Mailand der Schauplatz einer der größten Erfolge der Schalker Vereinsgeschichte. Felix Magath ist gerade entlassen, in der Bundesliga droht ein Abstiegsplatz und Inter geht in der ersten Minute mit 1:0 in Führung. Was danach aber kommt, ist ein Traum in Blau-Weiß. Selten hat man eine Schalker Mannschaft derartig furios auftrumpfen sehen. Inter ist ohne Chance. Auch das Rückspiel wird gewonnen, und Schalke steht im Halbfinale der Champions League.

2018 Schalke hat zwei verlorene Jahre hinter sich. Vergeblich haben André Breitenreiter und nach ihm Markus Weinzierl versucht, der Mannschaft ein System einzuimpfen. Die Unruhe wächst. Da zieht Heidel einen Unbekannten aus dem Hut – Domenico Tedesco. Der krempelt das Team um, setzt auf stabile Defensive und schafft am Ende drei Triumphe: Vizemeister hinter Bayern, Rückkehr in die Champions League und Revier-Meister vor den Dortmundern.

Doch das Glück ist nur von kurzer Dauer. Im zweiten Jahr 2019
von Tedesco läuft nichts mehr zusammen. Die Champions League wird unrühmlich verlassen (0:7 in Manchester), die Bundesliga nur erhalten, weil Huub Stevens in den letzten Partien die Punkte einfährt, u. a. spektakulär in Dortmund.

Eine formidable erste Serie weckt unter Coach Wagner neue 2020
Hoffnungen. Doch die ernüchternde Rückrunde gibt Anlass für schlimmste Befürchtungen. Trotzdem wird am Trainer festgehalten.

Das 0:8 in München ist der Beginn eines einzigen Albtraums. 2021
Im Mai ist der blamabelste Abstieg seit Tasmania Berlin Realität. Fans und Verein befinden sich in Schockstarre.

Der neue Sportvorstand Peter Knäbel und Manager Rouven 2021/22
Schröder wickeln mehr als 30 Transfers ab. Der Start im Unterhaus erweist sich allerdings als beschwerlich. Doch dann ereignet sich ein Fußball-Märchen. Unter Mike Büskens werden noch 24 Punkte aus neun Partien eingefahren. Am Ende steht die frenetisch bejubelte Zweitligameisterschaft.

Der insgesamt fünfte Bundesliga-Abstieg ist perfekt. Die Bilanz 2023
von nur neun Punkten aus der Hinrunde erweist sich als zu schwere Hypothek, daran kann auch die insgesamt respektable Rückrunde (22 Punkte) nichts ändern.

Auch in der 2. Bundesliga kämpft Schalke ums Überleben. Blick- 2023-25
punkt ist nicht der Aufstieg, sondern der Klassenerhalt.

„Mit der Startnummer eins …“

Er muss heute noch schmunzeln, wenn er an seine Premiere als Stadionsprecher in der Glückauf-Kampfbahn denkt. Damals, Ende der sechziger Jahre, hatte Günter Siebert Werner Hansch von der Trabrennbahn Gelsenkirchen ins Fußballstadion gelockt. Heute ist der Reporter und Moderator in ganz Deutschland als unverwechselbare Stimme des Ruhrgebiets und ausgewiesener Fußball-Fachmann bekannt. Doch seinerzeit, so Hansch, „hatte ich vom Fußball eigentlich keine große Ahnung“.

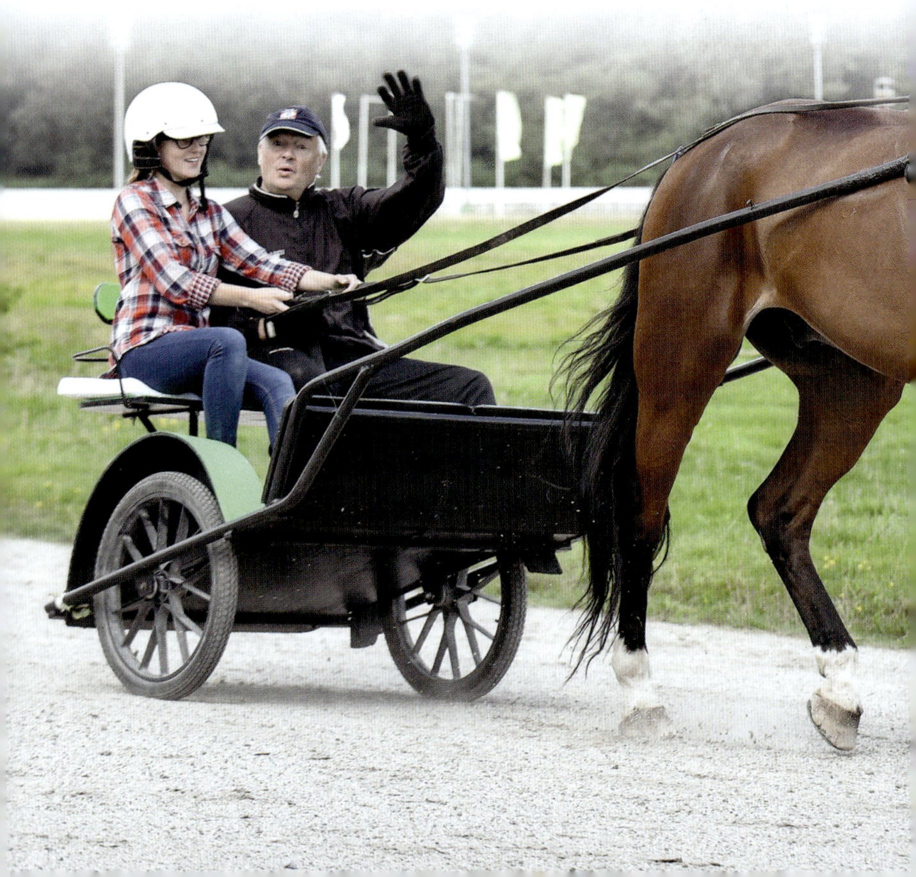

Schalke und die Traber, das ist eine ganz besondere Liaison. Neben dem Fußball steht der Pferdesport in Gelsenkirchen lange an zweiter Stelle. Die Bahn an der Stadtgrenze zu Essen-Katernberg ist an den Renntagen gut besucht. Schalkes Spielerbetreuer in den sechziger Jahren, Ede Lichterfeld, ein glühender Pferdefreund.

Immer wieder nimmt er Schalkes Kicker mit auf die Bahn. Vor allem Klaus Fichtel und Norbert Nigbur werden infiziert. Schon bald haben sie eigene Pferde. Zu den beiden gesellen sich Rolf Rüssmann und Hannes Bongartz. Und es gibt einmal jährlich den „Schalke-Tag" auf der Anlage in Nienhausen. Werner Hansch beobachtet das, sicher sehr wohlwollend, aus der Distanz. Was war denn nun das Besondere an seiner Premiere als Stadionsprecher auf Schalke? „Beim Verlesen der Mannschaftsaufstellung habe ich so begonnen: Mit der Startnummer eins Norbert Nigbur ..." Heute kann er darüber lachen, aber: „Damals war mir das schon auch ein bisschen peinlich."

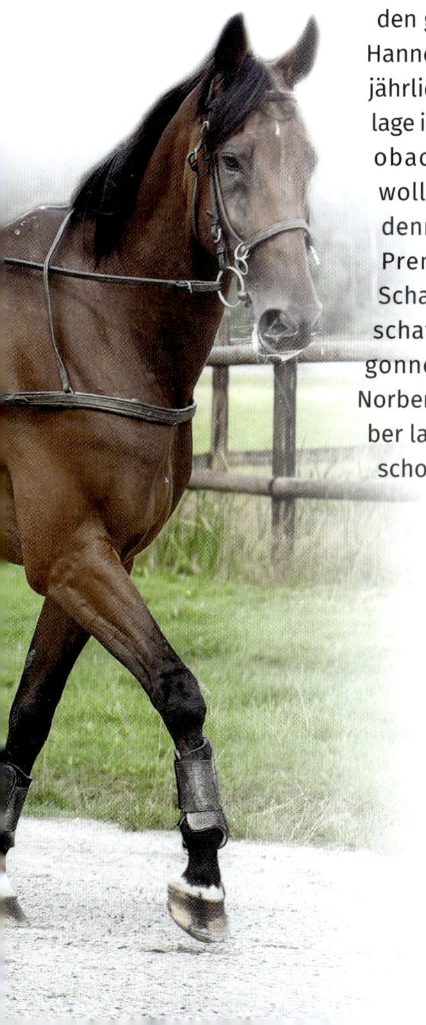

Hannes Bongartz gehörte zu den erklärten Pferdefreunden auf Schalke und saß auch selbst im Sulky.

TOPs und FLOPs bei Neuverpflichtungen

Nur zwei Jahre im Klub, aber ein Stellenwert, als hätte er hunderte Liga-Spiele für S04 bestritten. Die Spielzeiten mit dem spanischen Weltstar Raúl haben für Verein und Fans eine besondere Bedeutung, weil die Real-Ikone für die besonderen Momente eines Spiels stand, sich aber gleichzeitig für die Drecksarbeit nicht zu schade war. Auch die anderen Ausnahme-Kicker in dieser Aufstellung haben vor allem auch die auf Schalke so geschätzte Malocher-Mentalität an den Tag gelegt. Bei aller Individualität: Keiner war eine Diva. In besonderem Maße gilt das für Simon Terodde. Der beste Torschütze der Zweitliga-Geschichte erweist sich als Leader und Teamplayer und schießt S04 mit seinen Toren zurück in die Bundesliga. Seine Verpflichtung nach dem Abstieg erwies sich für den Verein als ein wahrer Segen.

Die besten Einkäufe seit 1963:
Raúl (2010–2012, 96 Spiele, 40 Tore)
Klaus Fischer (1970–1981, 343, 223)
Klaas-Jan Huntelaar (2010–2017, 175, 105)
Ebbe Sand (1999–2006, 270, 102)
Jiří Němec (1993–2002, 305, 8)
Marcelo Bordon (2004–2010, 223, 17)
Jefferson Farfán (2008–2015, 227, 53)
Kevin Kurányi (2005–2010, 205, 86)
Atsuto Uchida (2010–2017, 153, 2)
Simon Terodde (2021–2024, 90, 40)*

*Stand Mai 2025

Auf namhafte Zugänge haben die Fans immer ein besonderes Auge. Mal können sie die hohen Erwartungen erfüllen. Mal sind sie ganz besondere Enttäuschungen. Naturgemäß ist die nachfolgende Liste subjektiv. Er kam als „Prince“ und ging als Kevin. Nur selten musste das zunehmend entsetzte Schalker Publikum einer derartigen Entzauberung eines vermeintlichen „Stars“ beiwohnen wie bei Kevin-Prince Boateng. Der selbst ernannte „Leader“ war am Ende nicht einmal mehr ein Mitläufer und wurde lange vor Saisonende aussortiert. Bent Christensen war einer der zahlreichen Missgriffe von Günter Eichberg. Wim Suurbier gehörte zum Oranje-Endspiel-Team von 1974. Um ihn herum wollte Günter Siebert Ende der Siebziger ein neues Team bauen. Doch der Holländer wird, wie Landsmann Orlando Engelaar genau 30 Jahre später, zu einem großen Einkaufsflop.

Die zehn schlimmsten Einkaufsflops seit 1963:
Kevin Prince Boateng (2013–2015, 60 Spiele, 7 Tore)
Nabil Bentaleb (2016–2021, 82, 12)
Sebastian Rudy (2018–2020, 23, 0)
Bent Christensen (1991–1993, 52, 9)
Orlando Engelaar (2008–2009, 35, 1)
Sidney Sam (2014–2016, 11, 0)
Hami Mandıralı (1998–1999, 24,5)
Wim Suurbier (1977–1978, 15, 0)
Franz Hasil (1968–1969, 25, 5)
Ailton (2004–2005, 38, 16)

„Hasse ma ne Mark?“

Der Skandal ist noch lange nicht überwunden. Einige Schalker Spieler haben, häufiger als ihnen lieb ist, Termine vor Gericht. Da gibt es auch mal positive Nachrichten aus dem S04-Lager. Hannes Bongartz kann als Verstärkung verpflichtet werden.

Obwohl er in der unmittelbaren Nachbarschaft, bei Wattenscheid 09, kickt, ist das überhaupt nicht selbstverständlich. Denn der „Spargeltarzan“, wie er überall nur genannt wird, ist längst auf den Einkaufszetteln mancher Großklubs notiert. Aber Schalke macht das Rennen um ihn, muss dafür aber ganz tief in die – leere – Vereinskasse greifen. 770.000 Mark sind die bis dahin höchste Ablösesumme, die in Deutschland bezahlt worden ist.

Günter Siebert verfällt mal wieder auf die Idee, Schalkes Fans mit ins Boot zu holen. Erst werden sie gefragt, ob man Hannes Bongartz überhaupt verpflichten soll. Und dann, ob er ihnen eine Mark wert ist. Angeblich geht die Befragung so positiv aus, dass vom ersten Spieltag der Saison 1974/75 an auf jede Stehplatzkarte eine und auf jeden Sitzplatz zwei Mark Zuschlag erhoben wird – die sogenannte „Bongartz-Mark“. Es dauert allerdings, bis der Hannes die Investition rechtfertigt. Zumal Siebert ein Jahr später auch noch den Jugoslawen Branko Oblak dazu holt, einen brillanten Techniker, der auf der gleichen Position spielt wie Bongartz. Aber zusammen, das funktioniert nicht. Am Ende setzt sich der Ex-Wattenscheider durch. Beim 7:0-Sieg der Schalker bei den Bayern ist er der Regisseur und auf dieser Position bis zum Ende seiner Schalker Zeit unumstritten. Seine beste Zeit hat Bongartz dann aber noch in Kaiserslautern und später als Trainer in – Wattenscheid.

Das Phantom und die Müllkippe

Bei der WM 1974 in Deutschland bleibt die brasilianische Nationalmannschaft vieles schuldig. Doch einer macht auf sich aufmerksam. Linksverteidiger Francisco Marinho beeindruckt Fachleute mit Offensivdrang, die Frauen mit wehender blonder Mähne.

Günter Siebert meldet Kaufinteresse an. Doch der junge Mann ist nicht ganz billig – 1,5 Millionen Mark soll die Ablöse betragen. Siebert kann sich mit seinem Plan im Vorstand nicht durchsetzen. Da greift er zu bewährter Methode: Die Zuschauer sollen befragt werden. Vorsorglich lässt er Marinho schon mal im Parkstadion ins Publikum winken. Dann schreitet das Volk zur Wahl. Wie ein Jahr zuvor bei Bongartz soll es wieder einen Aufschlag pro Eintrittskarte geben.

Das Votum wird zur Farce. Die „Kiste“ mit den Stimmkarten verschwindet. Offenbar hat die Müllabfuhr sie entsorgt, bevor eine Auszählung stattfinden kann. Siebert und Betreuer Ede Lichterfeld fahren zur Müllkippe nach Erle, suchen nach den Stimmzetteln. Alles Wühlen bleibt umsonst. Immerhin finden sich ein paar Zettel, auf denen „überwiegend mit Ja“ gestimmt worden sei.

Das Phantom Marinho geistert dann auch nicht mehr lange auf Schalke. Die Kosten seiner Verpflichtung steigen täglich. Angeblich hat halb Europa Interesse am Verteidiger. Am Ende geht alles aus wie das Hornberger Schießen. Von Marinho ist bald schon keine Rede mehr. Und auch alle anderen „Interessenten“ nehmen Abstand. Marinho bleibt an der Copacabana und beim FC Botafogo.

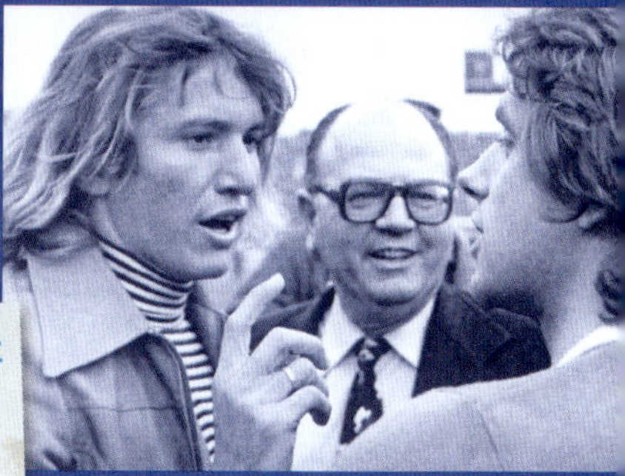

Marinho im Austausch mit Helmut Kremers

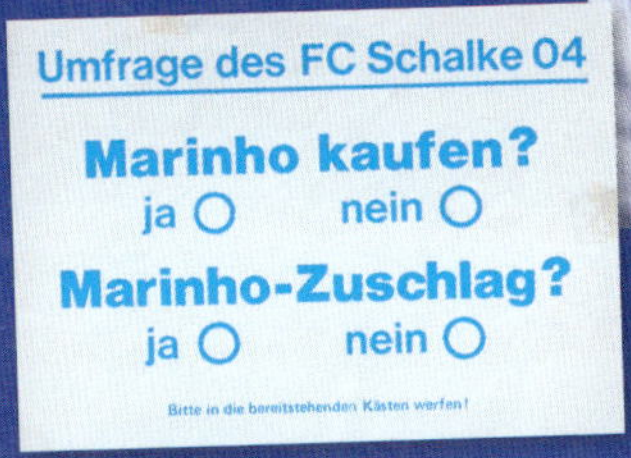

Umfrage des FC Schalke 04

Marinho kaufen?

ja ○ nein ○

Marinho-Zuschlag?

ja ○ nein ○

Bitte in die bereitstehenden Kästen werfen!

Feuerwerk für den Gaucho

Abschiedsspiele sind für gewöhnlich den ganz Großen vorbehalten. Spieler, die sich auf dem Weg zum Legendenstatus befinden. Oder sogar schon lange welche geworden sind. Fast immer sind dafür auch viele hundert absolvierte Spiele für den Klub nötig. Bei Schalke gehören zu diesem erlauchten Kreis Klaus Fichtel, Olaf Thon, Ebbe Sand, Gerald Asamoah und Marcelo Bordon. Was hat das alles mit Darío Rodríguez zu tun?

Streng genommen hat der Uruguayer auch gar kein offizielles Abschiedsspiel bekommen. Nachdem er wegen des Todes seines Vaters seinen Vertrag auf Schalke, der bis Mitte 2008 läuft, im Januar aufkündigt, um bei seiner Familie in Uruguay sein zu können, soll er anlässlich eines Testspiels gegen den FC Basel in der Arena nur noch gebührend vom Klub mit einem Blumenstrauß und warmen Worten verabschiedet werden.

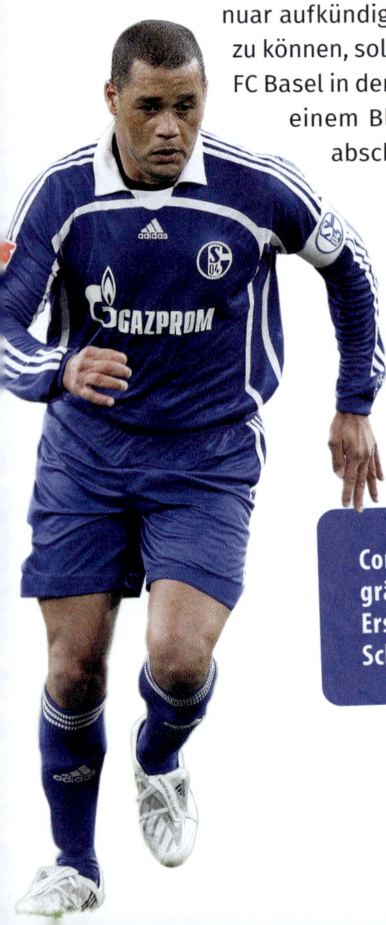

Doch die Fans machen daraus eine ganz große Show. Nicht endende Ovationen samt großem Feuerwerk verabschieden einen Spieler, der mit seinem unermüdlichen Kampfgeist und der Härte gegen sich und andere genau die Mentalität verkörpert, die auf Schalke so angesagt ist. Ihm zu Ehren widmen Schalkes Fans ein Lied mit folgendem Text:

Come on, Mr. Uruguay, Dario Rodriguez,
grätsch' die Gegner von hinten um!
Erst ein', dann zwei, dann drei, dann vier,
Schienbeinbruch, wir danken dir.

Die Sparversion

In Österreich nennen sie ihn liebevoll „Euro-Edi“. In Deutschland wird er als „Ösi-Bomber“ präsentiert. Es ist der Sommer 2003, als sich Eduard Glieder als damals 34-Jähriger doch noch den Traum von der Bundesliga erfüllt.

Der Linzer Vorortklub Pasching hat sich überraschend für das UI-Cup-Finale qualifiziert. Der Gegner: Schalke 04. Pasching verliert. Aber Glieder macht auf sich aufmerksam. Ein Jahr später brodelt in Schalke die Gerüchteküche. Ein renommierter europäischer Top-Stürmer soll verpflichtet werden. Der Spanier Morientes ist ein heißer Kandidat. Täglich wird mit der Vollzugsmeldung gerechnet. Dann kommt – Edi Glieder. Die Sparversion löst in Gelsenkirchen zunächst größte Verwunderung aus.

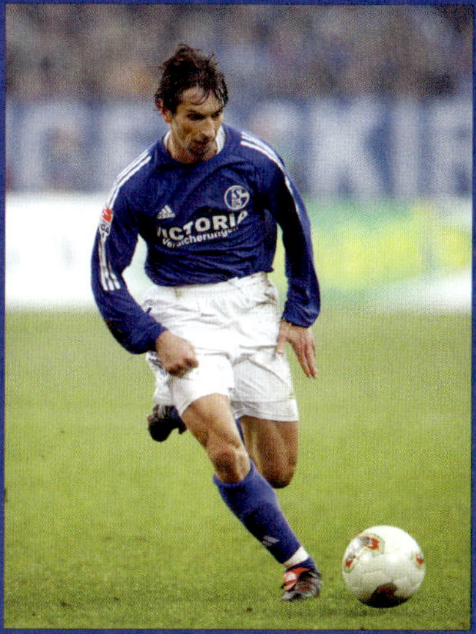

„Euro-Edi“ Eduard Glieder

Manche halten es gar für einen eher schlechten Scherz. Aber Rudi Assauer hat es ernst gemeint. Der „Ösi-Bomber“ hat nach einem Jahr sportlich gesehen so gut wie keine Rolle gespielt. Doch in seiner Vita stehen nun 18 Bundesliga-Einsätze, bei denen er sogar zwei Tore erzielt. Und er ist auf seine Art sogar ein Publikumsliebling. Wenngleich bei den Ovationen immer auch ein kleines bisschen Ironie im Spiel ist. „Euro-Edi“ hat seine Schalke-Episode nie bereut: „Schalke war das Schönste, was ich in meiner Karriere erleben durfte“, sagt Glieder heute.

„Felix Krull aus Gütersloh“

Schalke ist reich an schrillen Geschichten und Persönlichkeiten. Die größte Posse ereignet sich fraglos mit der Präsidentschaft des Günter Eichberg. Mit ihm sind die Schalker Mitglieder einem Felix Krull der ganz besonderen Art aufgesessen. Das Gesamtkunstwerk Günter Eichberg könnte man insgesamt einen „populären Irrtum“ nennen.

Er schafft es über mehr als vier Jahre, die Schalker Mitglieder und Fans zu täuschen und mit seiner großspurigen, extrovertierten Lebensführung zu beeindrucken. Als er im Oktober 1993 vor seinen Gläubigern nach Amerika flüchtet, hinterlässt er einen wahren Scherbenhaufen. Zuvor hat der „SPIEGEL“ aufgedeckt, dass Eichbergs angebliches Klinik-Imperium völlig überschuldet ist und seine Firma lediglich aus einer Sekretärin besteht. Alle Bürgschaften für Schalke sind hinfällig, die großmäulig gegründete Marketing GmbH (alleiniger Gesellschafter: Günter Eichberg) hat sich nur zu dem Zweck gegründet, den Präsidenten persönlich zu bereichern. Als der „Felix Krull aus Gütersloh“ enttarnt ist, verlangt der neue Präsident Bernd Tönnies („Ich empfinde eine tiefe Verachtung für alle Eichbergs dieser Welt“) eine Rückzahlung von Eichberg an den Verein von 17 Millionen Mark. Aber der Klub sieht davon nie auch nur einen Pfennig.

Sportlich hat Eichberg als seinen größten Erfolg den Wiederaufstieg in der Saison 1990/91 zu verbuchen. Schon bald wird aber deutlich, mit welchem hohen Einsatz an Krediten er dieses Ziel erreicht hat. So ist die Rückkehr in die Bundesliga dann auch der Beginn einer einzigen wirtschaftlichen Talfahrt. Unter Eichberg droht der Verein mit hohem Tempo vor die Wand zu fahren.

Von 1993 an lebt Eichberg bis zur Jahrtausendwende in Palm Beach, wo verschiedene Geschäftsideen ohne Erfolg bleiben. Zurück in Deutschland, lebt er bis zu seinem Tod in Bad Bertrich, wo er auch von 2004 bis 2009 das Amt des Bürgermeisters ehrenamtlich bekleidet.

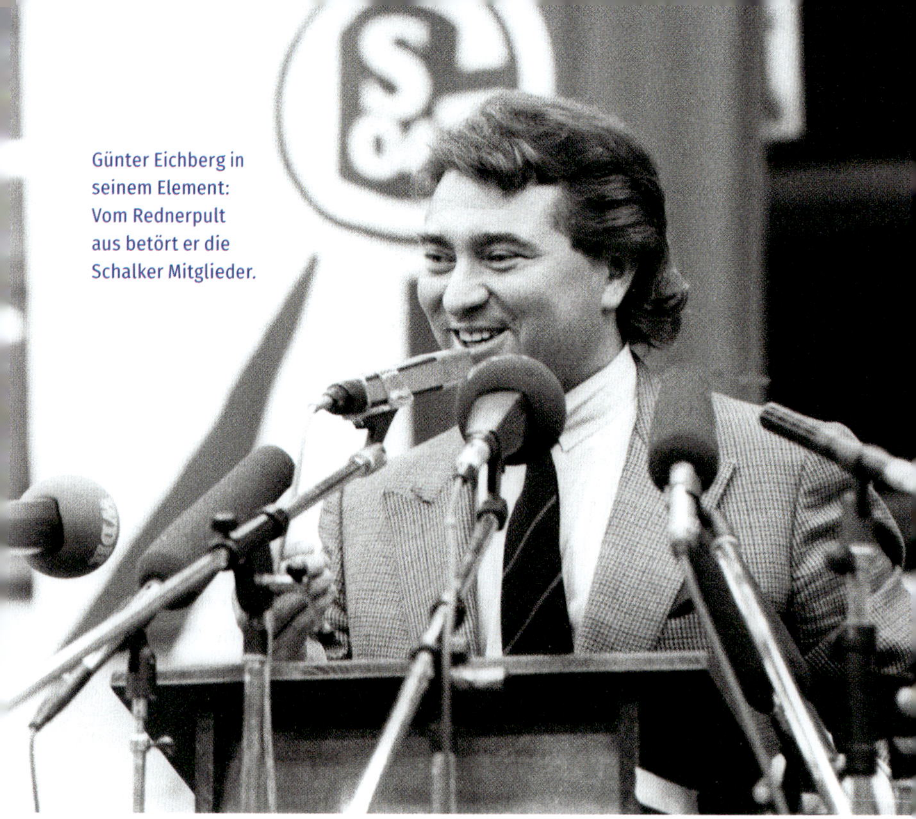

Günter Eichberg in seinem Element: Vom Rednerpult aus betört er die Schalker Mitglieder.

Kuzorra zweimal beerdigt

Als Ernst Kuzorra am Neujahrstag 1990 verstorben ist, versammelt sich die Schalker Familie vollständig vor seinem Grab. Einer fehlt – Günter Eichberg. Der hat vom Tod der Schalker Legende in seinem Urlaub auf den Bahamas erfahren und nach seinem Flug um die halbe Welt die Beisetzung um wenige Stunden verpasst. Als er in Gelsenkirchen ankommt, sitzen alle schon im Rathaus bei Kaffee und Kuchen. Aber Fotos vom Grab ohne Eichberg, das geht natürlich nicht. Also begibt sich die gesamte Trauergemeinde erneut zum Friedhof und es werden Bilder angefertigt mit einem trauernden Präsidenten direkt neben der großen S04-Fahne.

Drei Tage mit James Bond

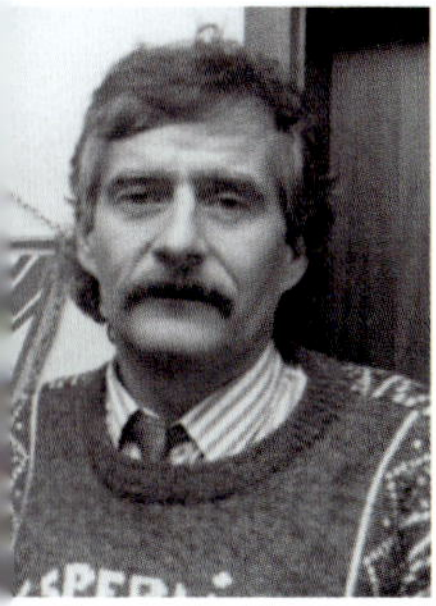

Drei-Tage-Präsident Michael Zylka

Schalker Jahreshauptversammlungen sind in der Vergangenheit häufig Veranstaltungen zum Fremdschämen. Und die Wahl der Präsidenten hat bisweilen das Niveau von Bierzelt-Diskussionen zu sehr vorgerückter Stunde. Eines der unrühmlichsten Kapitel wird am 21. November 1988 geschrieben.

Nicht weniger als zwölf vorgeschlagene Kandidaten haben bei der Präsidentenwahl den Hut in den Ring geworfen. Am Ende bleiben zwei übrig: Der Großbäcker und langjährige Mäzen Fred Gatenbröcker. Und ein zuvor gänzlich unbekannter Düsseldorfer Betriebswirt namens Michael Zylka. Nach der Auszählung der Stimmen ist die Sensation perfekt: Zylka wird neuer Schalke-Präsident. Doch damit fängt die Geschichte erst richtig an.

Zylka ist nämlich Offizier der Bundeswehr und im sicherheitsrelevanten Bereich der Bundeswehr tätig. Manche Zeitungen titeln etwas verwegen: „Geheimagent wird Schalke-Boss!“ Und als es auch noch heißt, dem Verteidigungsministerium sei die Kandidatur ein Dorn im Auge, gerät die Posse für 48 Stunden außer Kontrolle. Drei Tage nach der Wahl schmeißt Zylka die Brocken wieder hin. Allgemein wird vermutet, auf großen politischen Druck. Zylka selbst begründet seinen Rücktritt mit dem Umstand, dass ihm der auserkorene neue Manager Rolf Rüssmann ‚von der Stadt‘ nicht genehmigt worden sei.“ Was das Bürgermeisteramt umgehend dementiert.

Die Wahrheit kommt später ans Licht und ist nicht mehr sonderlich spektakulär. Schon am Morgen nach der Wahl wird Michael Zylka über den tatsächlichen wirtschaftlichen Scherbenhaufen informiert und zu einer sofortigen namhaft hohen Bürgschaftserklärung aufgefordert. Dies hätte aber seine finanziellen Möglichkeiten bei weitem überfordert. Nach Zylkas Rücktritt heißt sein Nachfolger Günter Eichberg. Der Verein kommt somit vom Regen in die Traufe.

Der Retter-Rausschmiss

Im Sommer 1989 wird er noch als ultimativer Retter gefeiert. Kaum 18 Monate später setzt man ihm den Stuhl vor die Tür. Obwohl Schalke 04 in Liga zwei im November 1990 auf einem Aufstiegsplatz steht, wird er entlassen

Die fixe Idee von Schalkes durchgedrehtem Präsidenten Günter Eichberg ist, für ihn den exzentrischen Aleksandar Ristić zu verpflichten. Es ist nicht billig, ihn aus Düsseldorf loszueisen, aber für Eichberg spielt Geld keine Rolle, zumal er kein eigenes hat.

Eichberg steht mit seiner Entscheidung ziemlich alleine. Beim ersten Spiel ohne Peter Neururer verweigern die Spieler das gemeinsame Essen im VIP-Bereich und suchen schnell das Weite. Kapitän Andreas Müller hat Manager Helmut Kremers erklärt, die Mannschaft wolle direkt nach Hause fahren. Eichberg muss bei seiner Abfahrt aus dem Stadion von Bodyguards beschützt werden. Eigentlich will er sich ja vor die Fans stellen und Rede und Antworten stehen, aber „man hat mir aus Sicherheitsgründen davon abgeraten".

Denn die Fans sind stinksauer. „Spielt für uns und nicht für Eichberg" steht auf einem von vielen Spruchbändern und Plakaten, auf denen sie ihren Protest äußern. Einer bringt es vor den TV-Kameras auf den Punkt: „Eichberg ist erst zufrieden, wenn der Verein Schalke 04 völlig vom Arbeiterklub der kleinen Leute zu einem VIP-Verein umgewandelt worden ist. Doch das lassen wir Fans nicht zu!" Ristić vollendet zwar das Werk von Peter Neururer, ist aber ein Jahr später nur noch eine Fußnote in der Schalker Geschichte. Eichberg geht mit ihm ebenso um wie mit Peter Neururer und opfert auch ihn für einen größeren Namen. Udo Lattek übernimmt – für ein paar Monate.

Zyniker und Zampano

Nicht nur auf Schalke scheiden sich an ihm die Geister. Die einen sahen (und sehen) in Felix Magath einen ausgewiesenen Fußball-Fachmann und Erfolgstrainer. Andere eher einen zynischen Leuteschinder und egoistischen Machtmenschen.

Nach der Sensations-Meisterschaft mit Wolfsburg heuert Felix Magath 2009 für alle überraschend beim FC Schalke 04 an. Seine Machtfülle dort ist schier grenzenlos. Er nutzt die und krempelt das Team komplett um. Am Ende seiner Mission in Gelsenkirchen hat der Klub 40 Spieler verpflichtet. Die allermeisten völlig nutzlos und ohne die geringste Wirkung.

Aber Magath schafft mit einem Team der Namenlosen eine sensationelle erste Saison. Nur um Haaresbreite wird 2010 der Titel verpasst – und Magath dafür stürmisch in der Arena gefeiert. Doch aus dem Urlaub kommt ein „neuer" Magath. Er verlangt noch mehr Entscheidungsbefugnisse, was ihm von der Mitgliederversammlung verweigert wird. Fortan spielt er zunehmend die beleidigte Leberwurst. Der Start in die Saison 2010/11 geht völlig in die Hose (siehe Karikatur). Zum Ende der Saison (16.3.2011) wird er entlassen. Ralf Rangnick kommt und erreicht sensationell das Halbfinale der Champions League und gewinnt den DFB-Pokal. Aber in der Meisterschaft hätte nicht viel zum Abstieg gefehlt. So gehen die gut 20 Monate Regentschaft von Felix Magath in die Geschichtsbücher auf Schalke ein: Für die einen so. Für die anderen so.

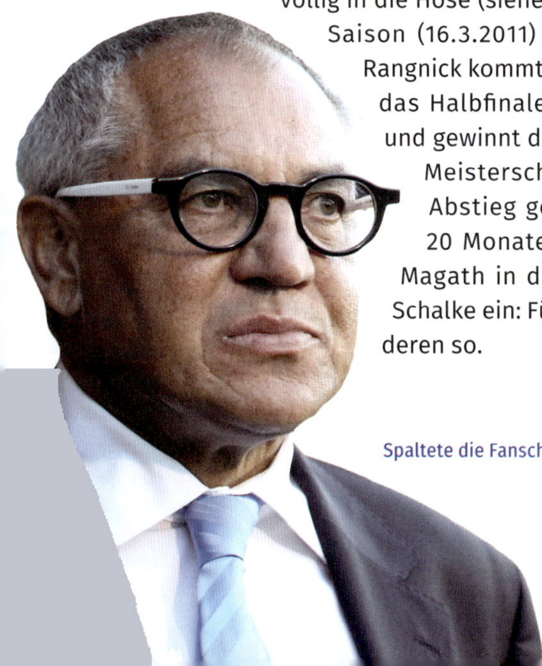

Spaltete die Fanschaft auf Schalke: Felix Magath

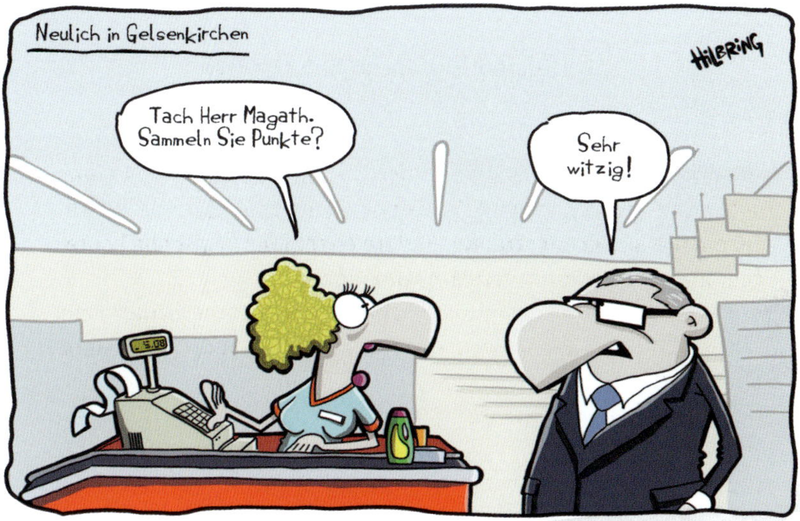

Felix und die 40 Einkäufe

Anthony Annan
Danilo Avelar
Alexander Baumjohann
Angelos Charisteas
Edu
Ciprian Deac
Julian Draxler
Sergio Escudero
Mario Gavranović
Ľuboš Hanzel
Junmin Hao
Klaas-Jan Huntelaar
Tim Hoogland
Lewis Holtby
Besart Ibraimi

Erik Jendrišek
José Manuel Jurado
Ali Karimi
Peer Kluge
Sead Kolašinac
David Loheider
Christoph Metzelder
Mineiro
Joel Matip
Jan Morávek
Christoph Moritz
Bogdan Müller
Marvin Pachan
Kyriakos Papadopoulos
Nicolas Plestan

Vasileios Pliatsikas
Marvin Pourié
Marco Quotschalla
Raúl
Tore Reginiussen
Hans Sarpei
Lukas Schmitz
Predrag Stevanović
Albert Streit
Atsuto Uchida
Lars Unnerstall
Emin Yalin
Zé Roberto II

Schalker Zahlenspiele

8

In der „ewigen Tabelle“ der Bundesliga liegt Schalke auf Platz acht. Es ist allerdings eine Frage der zeit, wann Schalke weiter zurückfällt, denn Bayer Leverkusen als Neunter hat nur noch 53 Punkte Abstand.

*Stand: Mai 2025

8

Bei der Zugehörigkeit zur Bundesliga liegt Schalke 04 in der Rangliste auf Platz acht. Insgesamt 54 Jahre gehörten die Königsblauen seit Gründung der Eliteklasse 1963 ihr an.

3.

Bei den Rekord-Torschützen der Bundesliga-Geschichte ist Schalke nur mit einem Spieler vertreten. Klaus Fischer belegt hinter Gerd Müller (365) und Robert Lewandowski (312) mit 268 Toren Rang drei.

24

Eine Rekordzahl bei den Niederlagen gab es 2020/21 mit insgesamt 24 Klatschen.

24

In der Saison 1971/72 schaffte Schalke mit insgesamt 24 Siegen eine bis heute nicht wieder erreichte Anzahl von „Dreiern“ (damals gab es allerdings für einen Erfolg nur zwei Punkte).

14

Zum Ende der Saison 1976/77 und am Anfang der folgenden Spielzeit 1977/78 blieb Schalke in insgesamt 14 Spielen in Serie ungeschlagen.

30

30 Meisterschaftsspiele blieb Schalke von der Rückrunde 19/20 bis weit in die Vorrunde 20/21 sieglos. Dann machte ein 4:0-Heimsieg gegen die TSG Hoffenheim diesem Fluch ein Ende.

0:0 1:1 2:2 3:3

15

In der Spielzeit 1999/2000 gab es mit 15 Remis die bislang meisten Unentschieden in einer Saison.

1999

Die Jahrhundert-Mannschaft (gewählt 1999 von den Fans nach einem Aufruf im „Schalker Kreisel“): Nigbur – Rüssmann, Fichtel, Thon – Wilmots, Kuzorra, Szepan, Anderbrügge – Libuda, Fischer, Abramczik.

248

Diese Trainer waren bisher am längsten auf Schalke im Amt: Huub Stevens (194+44+10=248 Spiele), Ivica Horvat (136+21=157), Diethelm Ferner (106+17=123), Fritz Langner (99), Jörg Berger (99).

Autokorso durchs Jubelspalier

Ergriffen stehen die Spieler aus den 30er- und 40er-Jahren neben den neuen Helden, als 300.000 Menschen frenetisch den neuen Deutschen Meister feiern. Das Team und Berni Klodt haben nach 16 Jahren wieder eine Meisterschaft nach Gelsenkirchen geholt. Man wähnt sich am Beginn einer neuen Erfolgs-Ära und hält solch lange Phasen ohne Titel zukünftig reineweg für ausgeschlossen. 60 Jahre später weiß man leider, dass sie damals einem populären Irrtum aufgesessen sind.

Die Vorgeschichte zum Gewinn der Deutschen Meisterschaft 1958 spielt in der Oberliga West, jener legendären Spielklasse, die wegen der regionalen Nähe der Konkurrenten auch „Straßenbahn-Liga" genannt wird.

Hier dominiert zunächst die Aachener Alemannia mit beeindruckender Defensivstärke. Doch als es auf das Ende der Saison zugeht, schwächeln die Grenzstädter und Schalke übernimmt mit einem klaren 4:0-Heimsieg über die Alemannia den Platz an der Spitze. Auch der 1. FC Köln zieht noch an den Aachenern vorbei und in die Endrunde zur Deutschen Meisterschaft ein.

Wegen der im Sommer stattfindenden WM in Schweden hat der DFB entschieden, die Vorrunde statt in den üblichen Hin- und Rückspielen mit nur einer Begegnung auf neutralem Platz zu absolvieren. Schalke trifft in der Gruppe zwei auf den Nordzweiten Eintracht Braunschweig, den Berliner Meister Tennis Borussia und – schon wieder – den Karlsruher SC. Der hat in Gelsenkirchen keinen besonderen Ruf.

1955 hat Königsblau das Pokalfinale gegen die Badenser verloren und ein Jahr später auch in der Endrunde zur Deutschen Meisterschaft wegen zwei Niederlagen gegen den KSC das Finale verpasst. Doch in diesem Jahr ist die junge Mannschaft (Durchschnittsalter 22,5 Jahre!), die überwiegend aus Talenten aus der eigenen Jugend oder der Nachbarschaft besteht, nicht zu bremsen. Auch nicht vom KSC, der ebenso chancenlos ist (0:3) wie

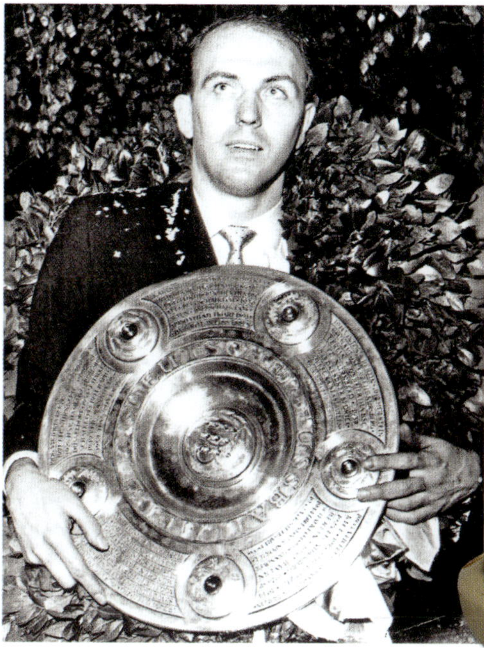

Bernie Klodt mit dem Objekt Schalker Begierde: der Meisterschale

Der Meisterring, den der Verein allen Spielern der 58er-Mannschaft spendierte

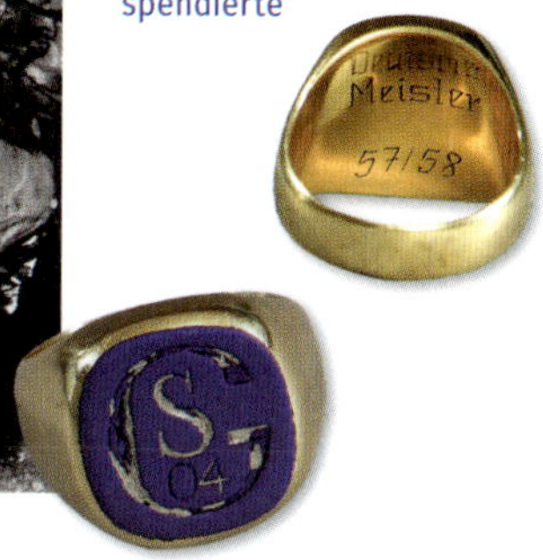

zuvor Braunschweig (1:4) und erst recht TeBe Berlin (0:9). Die Glücklichen, die Karten für das Endspiel im Niedersachsenstadion gegen den Hamburger SV bekommen, setzen sich am Sonntagmorgen den 18.5.1958 per Bus, Pkw oder Zug Richtung Hannover in Bewegung.

Früh geht Schalke durch Klodts Flugkopfball in Führung, eine HSV Drangperiode um den jungen Uwe Seeler wird überstanden. Abermals Klodt und am Ende noch Manfred Kreuz schrauben das Ergebnis in die Höhe. Und in Gelsenkirchen werden die Nachmittags-Gottesdienste unterbrochen, um das freudige Ereignis bekannt zu geben.

Der Empfang der siegreichen Mannschaft in Gelsenkirchen ist triumphal, der Autokorso führt durch ein Jubelspalier ohnegleichen. Das wird es – zumindest zu diesem Anlass – bis zum heutigen Tag nicht wieder geben.

Berlin ist eine Reise wert

Wie in der Meisterschaft, geht es auch im DFB-Pokal in den letzten 55 Jahren für Schalke auf und ab. Immerhin ist es aber schon 27 Jahre her, dass man bereits in der ersten Runde die Segel streichen muss. Zwölf Mal steht S04 dagegen in der Runde der letzten Vier. Und ein halbes Dutzend Mal geht es bis ins Finale. Vier davon finden in Berlin statt.

1969 zieht Schalke nach mageren Jahren erstmals seit 1955 (2:3 gegen den Karlsruher SC) wieder in ein Pokalfinale ein. Das 1:2 gegen Bayern bringt dabei die Teilnahme am Europapokal der Pokalsieger ein, denn die Münchener sind auch Meister geworden. 1972 entschädigt das 5:0 gegen Kaiserslautern für den eine Woche zuvor entgangenen Titel. Und neun Jahre später folgt die ähnliche Konstellation.

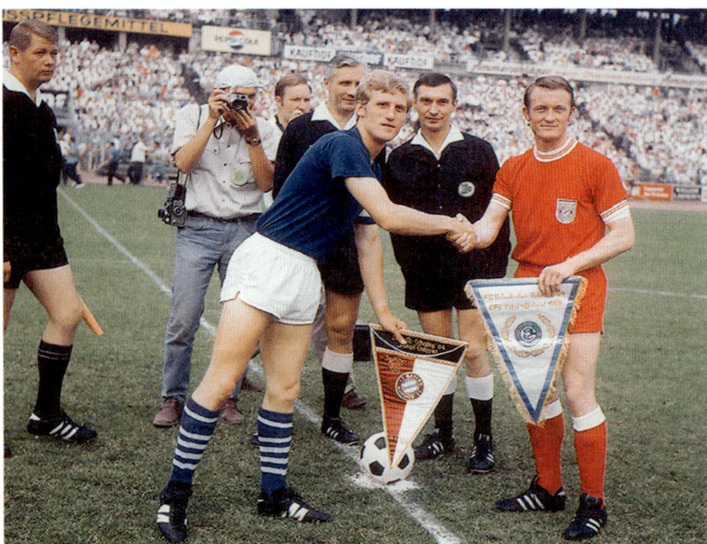

Pokalfinale 1969 gegen die Bayern: die Kapitäne Klaus Fichtel und Werner Olk beim Wimpeltausch

Wieder hat Schalke am letzten Liga-Spieltag gegen die Bayern das Nachsehen. Aber der Pokalerfolg (2:0 gegen Union Berlin) lässt die „Meister der Herzen" strahlen. Vor allem die Verteidigung dieses Erfolgs ein Jahr später gegen Bayer Leverkusen (4:2) ist sehr spektakulär. Der nächste Finaleinzug ist dagegen nicht von Erfolg gekrönt (04/05 1:2 gegen Bayern). Zum letzten Mal im Berliner Endspiel sind die Schalker 2011, als in einem reinen Westfinale gegen den MSV Duisburg 5:0 gewonnen, allerdings auch Manuel Neuer im Tor verloren wird. Er macht sein letztes Spiel für Schalke, wechselt danach zu den Bayern.

Union Berlin – FC Schalke 04 0:2 (0:0)

Schalke: Reck – Hajto, van Hoogdalem, van Kerckhoven (87. Büskens) – Němec (84. Thon), Oude Kamphuis, Böhme – Möller – Asamoah (80. Latal), Sand, Mpenza
Tore: 0:1 Böhme (53.), 0:2 Böhme (58., Elfmeter)
Zuschauer: 73.011
Schiedsrichter: Hermann Albrecht (Kaufbeuren)

FC Schalke 04 – Bayer Leverkusen 4:2 (1:1)

Schalke: Reck – Hajto (46. Oude-Kamphuis), Waldoch, van Kerckhoven – van Hoogdalem, Němec – Asamoah (81. Vermant), Möller (75. Wilmots), Böhme – Sand, Agali
Tore: 0:1 Berbatow (27.), 1:1 Böhme (45.), 2:1 Agali (68.), 3:1 Möller (71.), 4:1 Sand (85.), 4:2 Kirsten (89.)
Zuschauer: 70.000
Schiedsrichter: Franz-Xaver Wack (Biberbach)

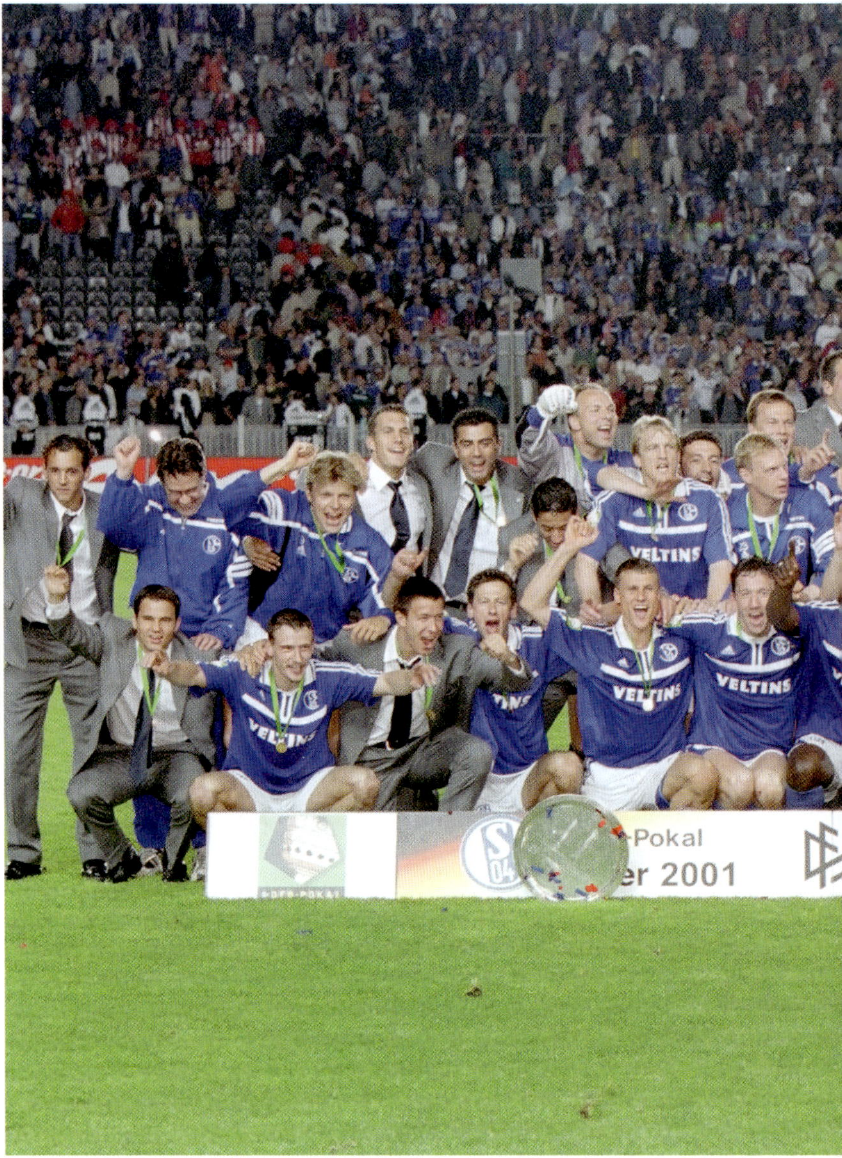

Jubel pur: Nach dem Pokalsieg 2001 präsentiert sich die Mannschaft den Fans mit dem Cup. Eine Woche zuvor war ganz Schalke nach dem verpassten Titel noch am Boden.

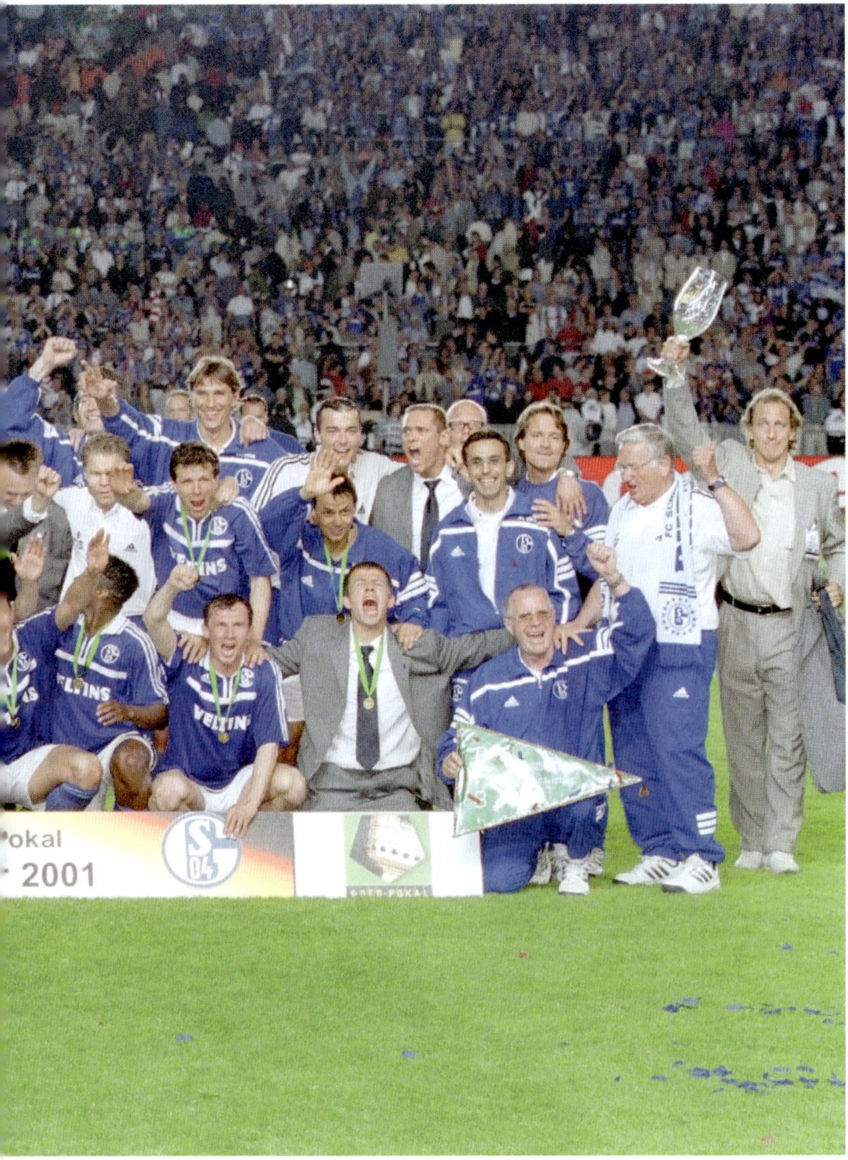
okal
2001

Spektakuläre Halbfinals – Spiele für die Ewigkeit

Bei den zwölf Versuchen, seit 1963 in das DFB-Pokalfinale einzuziehen, stehen den Schalkern vier Mal die Bayern im Halbfinale im Weg. Es handelt sich aber um einen populären Irrtum, dass die Bayern IMMER gegen Schalke gewinnen. Beim Rennen um den Platz im Finale steht es nämlich zwischen den beiden Rivalen unentschieden.

Am 2. Mai 1984 werden 71.000 Zuschauer im Parkstadion Augenzeugen eines der spektakulärsten deutschen Fußballspiele aller Zeiten. Schalke trotzt als Zweitligist den Bayern ein 6:6 ab. Bei dem atemberaubenden Schlagabtausch geht der Stern des 17-jährigen Olaf Thon auf, der mit drei Treffern der Hauptakteur an diesem denkwürdigen Abend ist, bei dem vier Tore allein in der Verlängerung fallen. Das Rückspiel gewinnen die Bayern im Olympiastadion knapp mit 3:2. Daran kann sich aber kaum jemand noch erinnern.

In den früheren Jahren nehmen in der Pokalgeschichte die Kölner die Rolle der Bayern ein. Zweimal versperren die Rheinländer 1971 und 1980 den Weg ins Finale. Dafür setzen sich die Schalker 1972 durch – aber wie! Auch dieses irre Halbfinale geht mit 21 Elfmetern in die ewige Fußballgeschichte ein. Zu diesen Vorschlussrunden gesellen sich noch eine 3:4-Niederlage bei Alemannia Aachen (1965) und das ärgerliche 0:1 zu Hause gegen Eintracht Frankfurt (2018). Gleich zwei Mal kann man aber die Bayern aus dem Weg räumen. 2002 zu Hause mit 2:0 in der Verlängerung. Und 2011 sogar mit 1:0 in München. Torschütze des Tores, das nach Berlin führt: der Spanier Raúl.

2001

Das Ticket für das Pokalfinale 2001 gegen Union Berlin buchte Schalke in Stuttgart. Der 3:0-Sieg gegen den VfB war ungefährdet und schnell besiegelt. Im Stuttgarter Gehäuse: der spätere Schalker Timo Hildebrand.

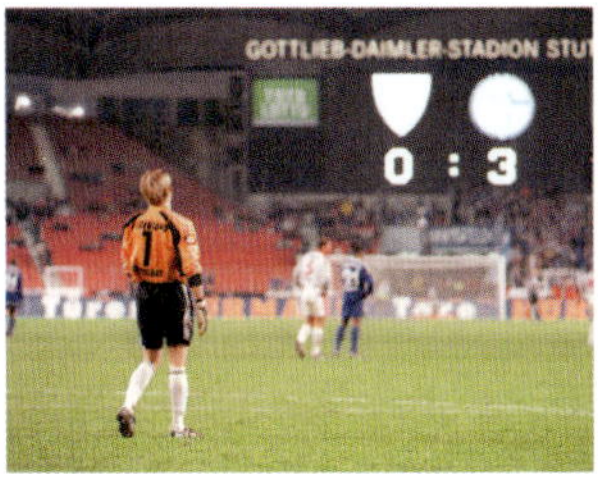

2001

Die Rache konnte kaum köstlicher sein. Ein Jahr nach dem Drama der in letzter Sekunde geklauten Meisterschaft könnte Schalke im Halbfinale die Bayern aus dem Cup kegeln. Ein Spiel, das für schwache Nerven nicht geeignet war und in der Verlängerung mit 2:0 entschieden wurde.

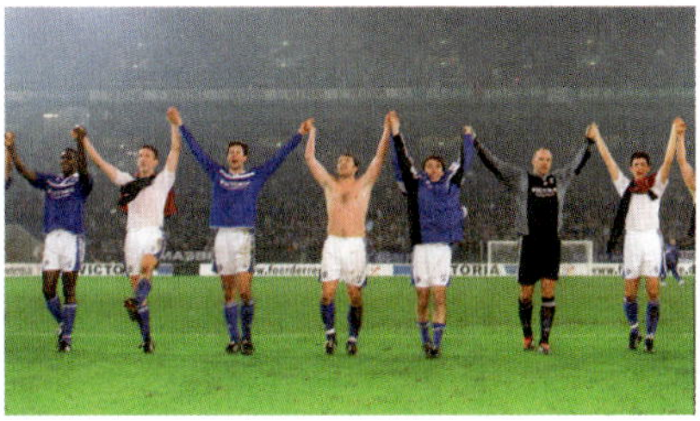

2002

Welche Dramatik: Im Elfmeterschießen gegen Werder Bremen zieht Schalke in das Pokalfinale 2005 ein. Keeper Rost, zuvor noch in Diensten von Werder, wird dabei zum gefeierten Matchwinner.

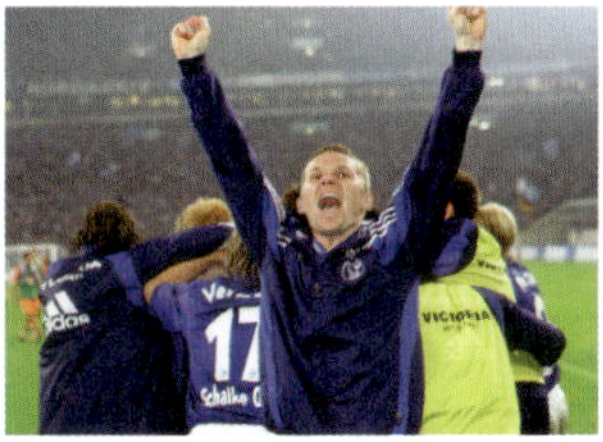

2011

Und wieder ziehen die Bayern im Halbfinale gegen Schalke den Kürzeren. Beim 1:0-Sieg in München erzielt Raúl das entscheidende Tor. Bayern-Fans protestieren gegen die sich abzeichnende Verpflichtung des S04-Keepers. „Koan Neuer“ verhallte aber (leider) unerhört.

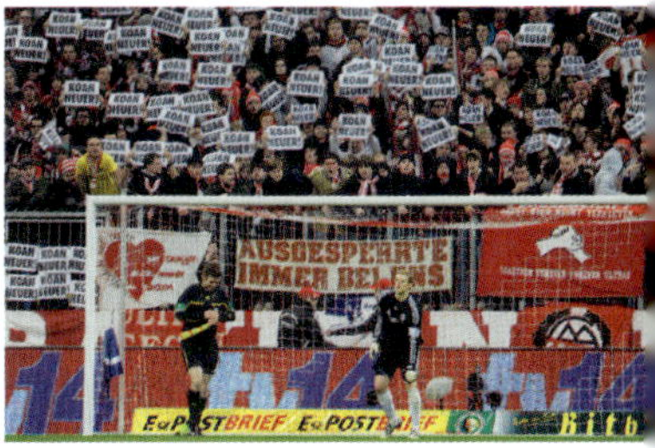

FC Meineid

Als die Saison zu Ende ist, geht die Chose erst richtig los. Knapp 24 Stunden nach dem letzten Schlusspfiff beginnt auf der Geburtstagsfeier des Offenbacher Präsidenten Canellas die Nachspielzeit. Sie wird den deutschen Fußball bis in die Grundfesten erschüttern. Und den FC Schalke 04 um seine schönsten Zukunftsträume bringen.

Canellas weist via Tonbandmitschnitte nach, dass es einen anscheinend schwungvollen Handel um wertvolle Bundesliga-Punkte gegeben hat. Spieler, vor allem von Hertha BSC, hatten sich als sehr „verhandlungsbereit" gezeigt. Was nach aufwändigen Ermittlungen des DFB ans Licht der Sonne kommt, ist erschütternd. Lügengebäude fallen nach den ersten Geständnissen wie Kartenhäuser zusammen.

Doch es vergeht fast ein Jahr, bis der Skandal auch den FC Schalke erreicht. Dann aber mit voller Wucht. Die Mannschaft hat das Spiel gegen Arminia Bielefeld (0:1) für 40.000 Mark verkauft. Die Indizien sind eindeutig, es gibt Teilgeständnisse, aber das Gros der Mannschaft leugnet hartnäckig, leistet sogar Eide vor ordentlichen Gerichten. Und die Fans stehen in Treue fest zu ihnen und wollen das Stadion zum Heimspiel gegen den 1. FC Köln besetzen.

Für alle bricht eine Welt zusammen, als immer deutlicher die Wahrheit ans Licht kommt. Denn die Lügenfront bröckelt. Für Fans der wunderbaren Schalker Mannschaft der Saison 1971/72 wird die tägliche Nachrichten-Lektüre zur Folter. Jürgen Sobieray wird aus diesem Team als erster gesperrt. Es folgt Klaus Fischer. Später auch Lütkebohmert, Fichtel und Rüssmann. Nur mit Mühe schafft man mit einer Rumpfelf 1972/73 den Klassenerhalt.

Doch angesichts der bevorstehenden WM lässt der DFB nach einem Jahr Gnade vor Recht ergehen. Auch die Schalker „Sünder" erhalten ihre Spielberechtigung zurück. Und das Urteil wegen Falschaussage unter Eid vor ordentlichen Gerichten fällt mit Bewährungs- und Geldstrafen auch milde aus.

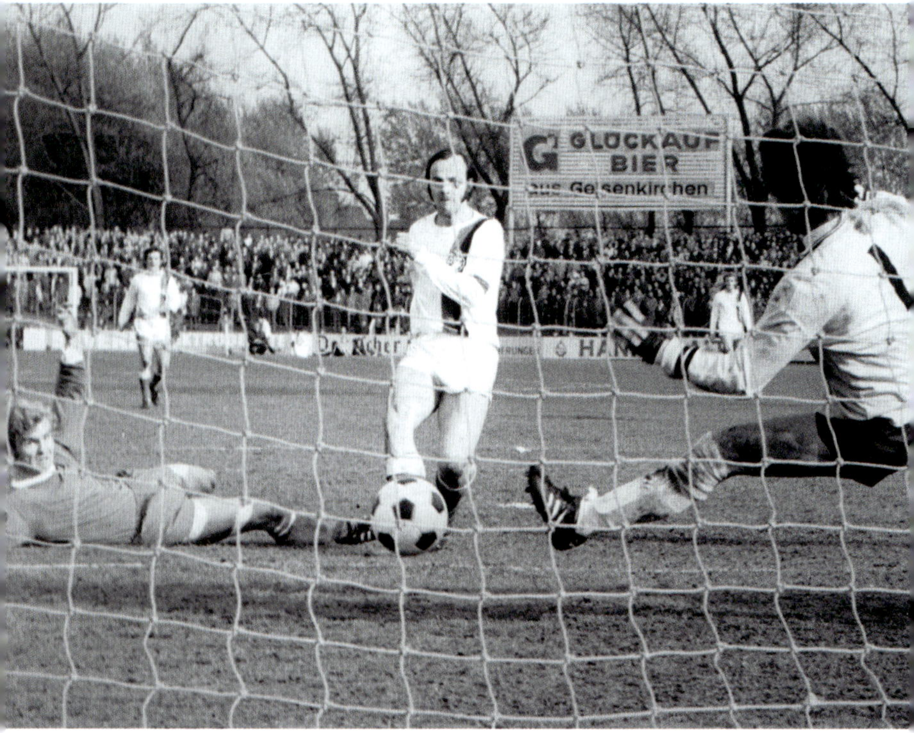

Da ist es passiert. Das fatalste Gegentor der Schalker Vereinsgeschichte. Der Bielefelder Gerd Roggensack hat es erzielt. Jürgen Galbierz und Dieter Burdenski konnten (oder wollten?) es nicht verhindern.

Der endgültige Schlusspfiff in der Affäre ertönt allerdings erst Ende 1977 im Meineid-Prozess gegen Klaus Fichtel. Wie die meisten Schalker hat auch der spätere Bundesliga-Rekordspieler über Jahre jegliche Beteiligung geleugnet und seine Unschuld vor einem Zivilgericht sogar unter Eid beschworen. Die Gegenbeweise jedoch machen aus den nur knapp an Gefängnisstrafen vorbeigekommenen Schalkern vorübergehend den „FC Meineid 04".

Aber heute noch bleiben die beteiligten Spieler dabei: VOR dem Spiel hat niemand etwas von der „Schieberei" gewusst. Erst als in der Kabine das Geld auftauchte, hat man es unter sich aufgeteilt.

Glanz und Elend unvergesslicher Spiele

Klugscheißern unter den Schalke-Fans reicht schon das Datum folgender Partien, um entweder in Glückseligkeit zu schwelgen oder in nachträglicher Verzweiflung zu versinken. Selbstredend ist die Rangliste sehr subjektiv.

Flop

10	1.12.1973, Parkstadion, DFB-Pokal, 1. Runde **Schalke 04 – SG Wattenscheid 1:2**
9	26.3.1989, Parkstadion: 25. Spieltag in der 2. Liga **Schalke 04 – Darmstadt 98 3:4**
8	9.5.1981, Parkstadion, 30. Bundesliga-Spieltag **Schalke 04 – VfL Bochum 0:6**
7	8.11.1969, Müngersdorf, 12. Bundesliga-Spieltag **1. FC Köln – Schalke 04 8:0**
6	20.4.2021 SchücoArena, 30. Bundesliga-Spieltag **Arminia Bielefeld – Schalke 1:0**
5	18.9.2020 Allianz Arena, 1. Bundesliga-Spieltag **Bayern München – Schalke 8:0**
4	12.5.2007, Westfalenstadion, 33. Bundesliga-Spieltag **Borussia Dortmund – Schalke 04 2:0**
3	7.1.1967, Bökelberg, 18. Bundesliga-Spieltag **Borussia Mönchengladbach – Schalke 04 11:0**
2	17.4.1971, Glückauf-Kampfbahn: 28. Bundesliga-Spieltag **Schalke 04 – Arm. Bielefeld 0:1**
1	19.5.2001, Parkstadion, 34. Bundesliga-Spieltag **Schalke 04 – Unterhaching 5:3**

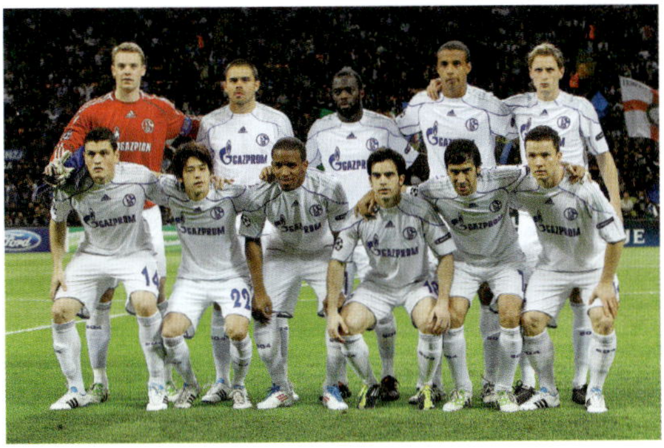

Beim legendären Champions-League-Viertelfinale in Mailand wurde mit dem 5:2-Sieg ein Team „geboren", das so nie wieder zusammen spielen sollte: Neuer, Edu, Sarpei, Matip, Höwedes (oben); Papadopoulos, Uchida, Farfán, Jurado, Raúl, Baumjohann.

Top

10 9.5.2022, Veltins-Arena, 33. Spieltag, 2. Bundesliga
Schalke – FC St. Pauli 3:2

9 9.10.1976, Olympiastadion München, 9. Bundesliga-Spieltag:
Bayern München – Schalke 04 0:7

8 10.6.1972, Glückauf-Kampfbahn, Pokal-Halbfinale:
Schalke 04 – 1. FC Köln 5:2 n. V., 6:5 i. E.

7 2.5.1984, Parkstadion, Pokal-Halbfinale:
Schalke 04 – Bayern München 6:6

6 5.4.2011, Giuseppe-Meazza-Stadion, Champions-League-Viertelfinale:
Inter Mailand – Schalke 04 2:5

5 11.5.2002, Olympiastadion Berlin, Pokalfinale:
Schalke 04 – Bayer Leverkusen 4:2

4 1.7.1972, Niedersachsenstadion, Hannover, Pokalfinale:
Schalke 04 – 1. FC Kaiserslautern 5:0

3 18.5.1958, Niedersachsenstadion, Hannover, Finale:
Schalke 04 – Hamburger SV 3:0

2 21.5.1997, Giuseppe-Meazza-Stadion, Mailand, Finale UEFA-Cup:
Inter Mailand – Schalke 04 1:0 n. V., 1:4 i. E.

1 18.6.1939, Olympiastadion, Berlin, Finale:
Schalke 04 – Admira Wien 9:0

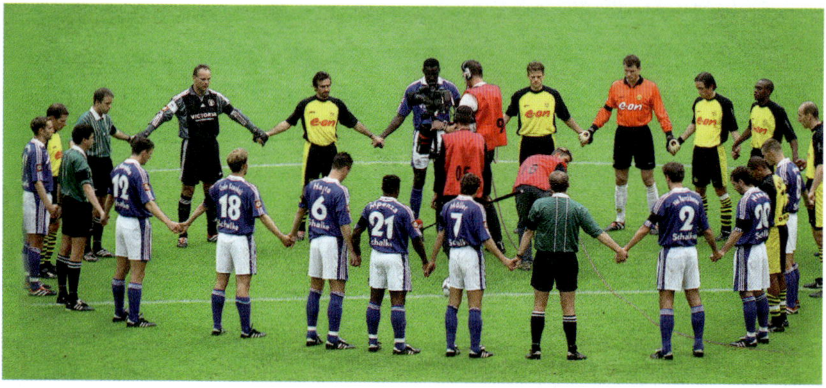

S04 und BVB gedenken vier Tage nach den Anschlägen von New York gemeinsam der Terror-Opfer.

Die bucklige Verwandtschaft

Die Geschichte – Religion wie Politik und Literatur – ist voller Brüder-Zwiste. Ob Kain und Abel, die Brüder Karamasow oder Thomas und Heinrich Mann – sie küssen und sie schlagen sich.

Auch der FC Schalke 04 und Borussia Dortmund sind streng genommen „Brüder". Kaum 30 Kilometer trennen ihre prachtvollen Stadien, fünf Jahre liegen ihre Gründerjahre auseinander. Ihre riesigen Fangemeinden ruhen im Kern auf der Arbeiterschaft des Ruhrgebiets. Beide auf Kohle geboren, sind ihre Insignien Eisen und Stahl. Und sie sind nicht immer so abgrundtief verfeindet wie derzeit. Schalkes Meisterelf von 1934 trägt sich zunächst ins Goldene Buch der Stadt Dortmund ein. 1958 kommen die Gelsenkirchener vom siegreichen Endspiel in Hannover mit dem Zug am Dortmunder Bahnhof an. Und bei den Spielen gegeneinander ist vom „Hass-Derby" noch nicht die Rede. Spieler wechseln fleißig hin und her, ohne dass von „Verrat" geschwafelt wird. Heute werden Freudenfeste gefeiert, wenn die bucklige Verwandtschaft ein Ziel verfehlt. „Herne-Süd" und „Lüdenscheid" haben viel von der verklärten Bergarbeiter-Siedlungs-Kultur. Wo man auch dem Nachbarn größere Erfolge neidet.

	FC Schalke 04	Borussia Dortmund
Ewige Bundesliga-Tabelle	Platz 8	Platz 2
Nationale Titel	7 Mal Meister 5 Mal Pokalsieger 1 Mal Supercupsieger	8 Mal Meister 5 Mal Pokalsieger 6 Mal Supercupsieger
Internationale Titel	1 Mal UEFA-Cup-Sieger	1 Mal Champions-League-Sieger 1 Mal Sieger im Europapokal der Pokalsieger 1 Mal Weltpokalsieger
Stadion	Veltins-Arena, 62.271 Plätze	Westfalenstadion, 81.365 Plätze
Stadt	Gelsenkirchen, 273.099 Einwohner	Dortmund, 614.495 Einwohner
Mitglieder	193.000	218.000
Spitzname beim Rivalen	Herne-West	Lüdenscheid-Nord
Facebook-Follower	2,8 Millionen	15,0 Millionen

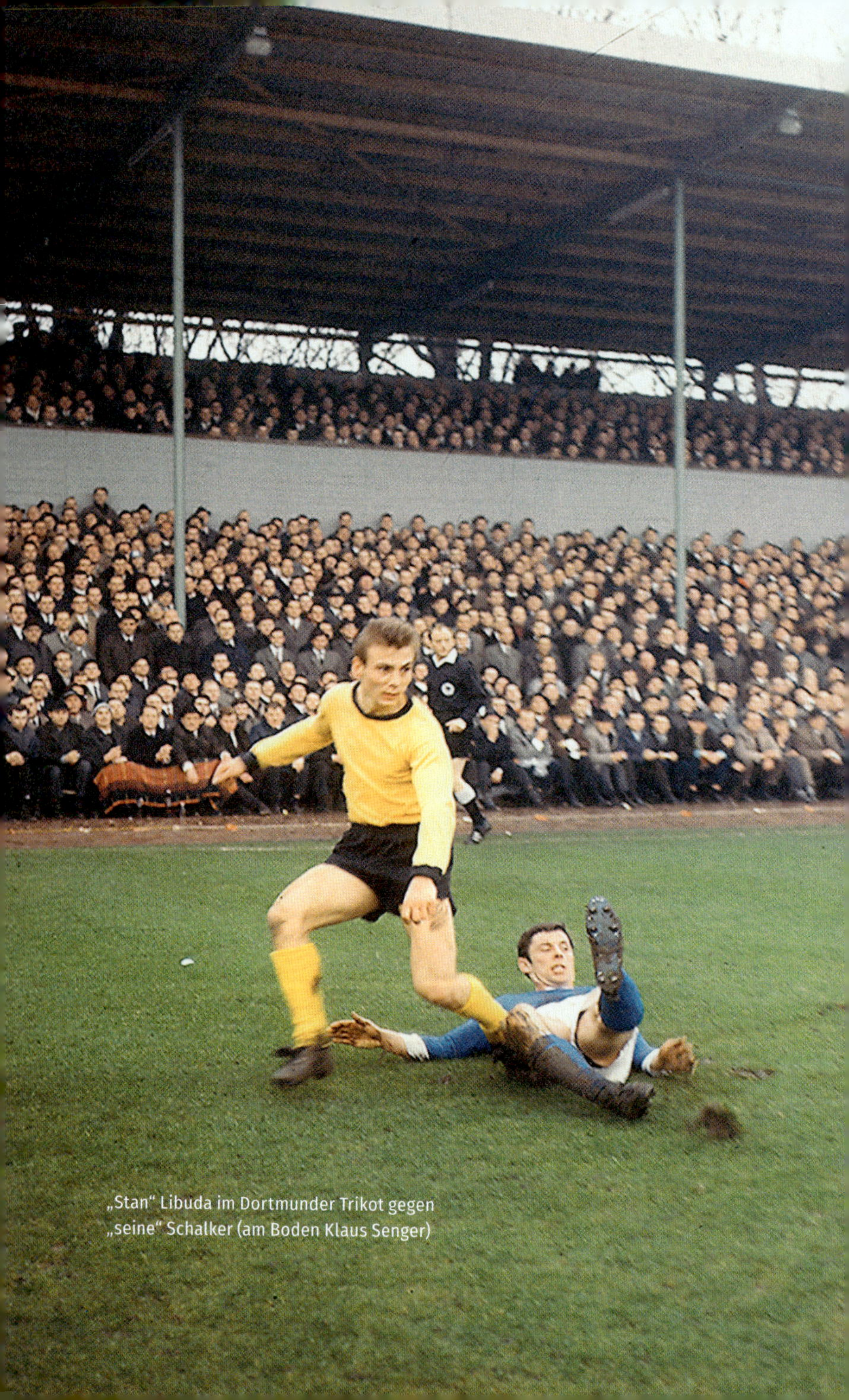

„Stan" Libuda im Dortmunder Trikot gegen „seine" Schalker (am Boden Klaus Senger)

Wechselspiele

Hier geht es um Spieler, die von Dortmund nach Schalke wechselten – und umgekehrt. Nachfolgend die Spieler, die mindestens ein Bundesligaspiel für beide Klubs bestritten haben:

	BVB	Schalke 04
Ingo Anderbrügge	7	321
Ulrich Bittcher	92	265
Kevin-Prince Boateng	10	46
Theo Bücker	112	53
Norbert Dörmann	33	27
Peter Endrulat	6	1
Steffen Freund	117	53
Gerd Kasperski	34	7
Gerhard Kleppinger	33	97
Marco Kurtz	4	58
Jens Lehmann	129	274
Reinhard Libuda	74	215
Werner Lorant	45	18
Christoph Metzelder	126	52
Andreas Möller	228	86
Manfred Ritschel	61	25
Rolf Rüssmann	149	304
Felipe Santana	95	24
Jürgen Sobieray	13	210
Toni Schumacher	1	33
Jürgen Wegmann	117	28

Sieben Mal „Vizekirchen“

Ganz Schalke lechzt nach dem Meistertitel. Seit 1958 ist es nicht mehr gelungen, die Schale nach Gelsenkirchen zu holen. Eine zermürbende Zeitspanne. Seit Beginn der Bundesliga bringt man es zwar auf sieben Vizemeisterschaften. Aber ein Trost ist das alles nicht. Zumal es nur einmal wirklich knapp und dramatisch zugeht. Wir erinnern uns:

1972

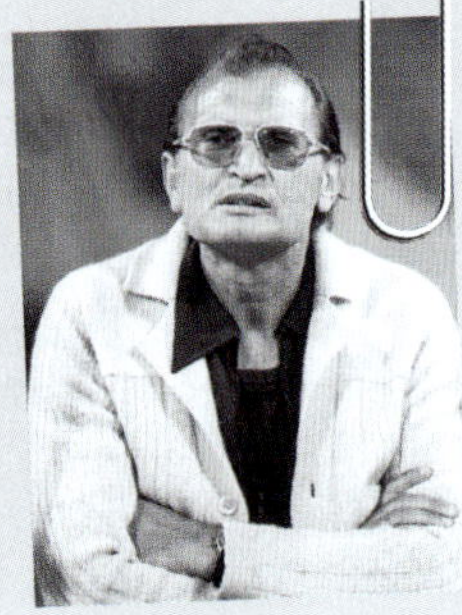

Ivica Horvat

Schalke verfügt in dieser Spielzeit über eine junge, begeisterungsfähige und ungemein talentierte Mannschaft. Die Fans sind aus dem Häuschen. In der ersten Serie ist das Team um Nigbur, Fichtel, Rüssmann und Fischer kaum zu bezwingen. Als man am letzten Hinrunden-Spieltag die Bayern mit 1:0 schlägt, stehen sie mit drei Punkten Vorsprung in der Tabelle so gut da wie noch nie in Bundesligazeiten. Doch die Rückrunde verläuft unter dem Schatten täglich neuer Hiobsbotschaften in Sachen Skandalbeteiligung. Der Vorsprung schmilzt. Am Ende machen es wieder die Bayern. Zwar bleibt es bis zum Ende offen. Aber Schalke hätte am letzten Spieltag in München gewinnen müssen. Genau an dem Tag wird das neue Olympiastadion eingeweiht. Schalke ist ohne Chance. Der Titeltraum ist ausgeträumt. Als Trost bleibt der souveräne Gewinn des DFB-Pokals eine Woche später.

1977

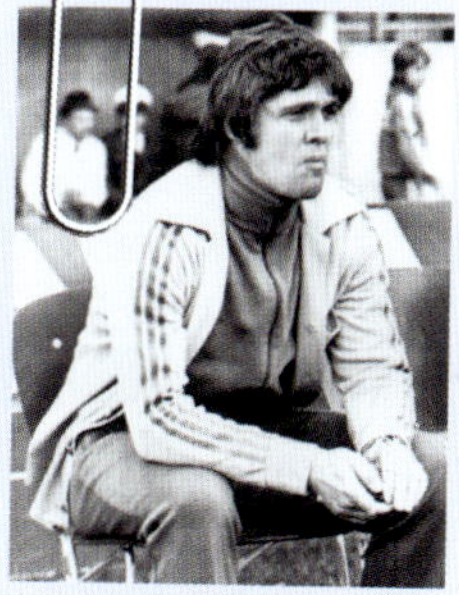

Friedel Rausch

Der Skandal ist ausgestanden, fast alle Spieler sind zurück auf dem Rasen. Von den Namen her ist das Team fast noch besser als jenes von 71/72. Aber einige Spieler haben ihren Leistungszenit erreicht. Andere nicht mehr die Form von vor ihrer Sperre gefunden. Dennoch kann man in einem grandiosen Schlussspurt in die Spitzengruppe vorstoßen. Am vorletzten Spieltag hält Thomas Lander mit seinem Siegtor in letzter Minute beim VfL Bochum das Titeltor offen. Die Konstellation scheint vielversprechend. Gewinnt S04 am letzten Spieltag zu Hause gegen Dortmund, verliert Gladbach bei den Bayern, heißt der Meister Schalke 04. Das halbe Parkstadion ist mit Transistor-Radios ausgerüstet. Doch schnell führt Gladbach in München 2:0. Es ist vorbei. Auch wenn Schalke Dortmund 4:2 schlägt. Und Bayern in den Schlussminuten noch zum Ausgleich kommt. Ein mickriger Punkt fehlt.

2001

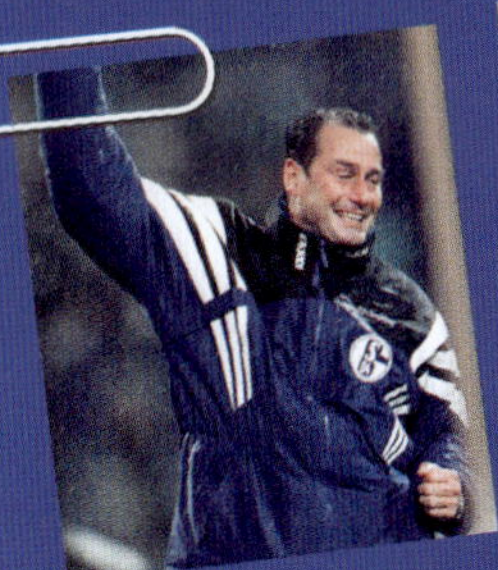

Huub Stevens

Es ist das Drama im deutschen Fußball schlechthin. Selbst wer Schalke 04 nicht sonderlich positiv gegenüber eingestellt ist, hat an diesem Tag Mitleid mit den Königsblauen. Als Schalke vier Minuten und 36 Sekunden Deutscher Meister ist. Und dann doch die Bayern mit einem Freistoß-Tor in Hamburg in allerletzter Sekunde die Schale wieder an sich reißen. Was blieb, ist der fragwürdige „Meister der Herzen"-Titel. Über die Geschehnisse ist alles gesagt und geschrieben (hier auch auf Seite 94). Auch, dass man den Titel nicht am letzten Spieltag verliert. Sondern durch die unnötigen Punktverluste in Bochum und Stuttgart in den Wochen zuvor.

2005

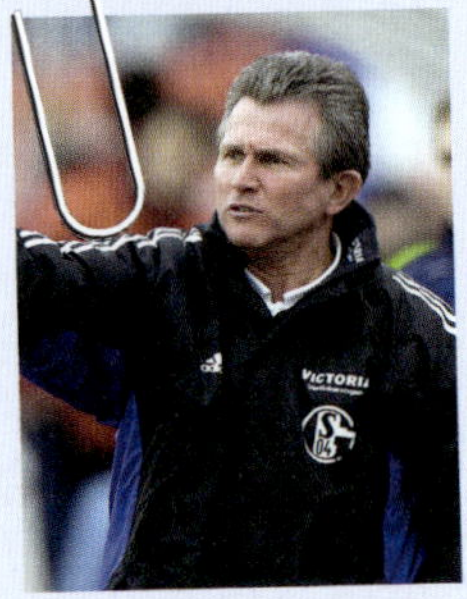

Jupp Heynckes

Schalke beginnt die Spielzeit unter Jupp Heynckes weit unter den Erwartungen – sechs Punkte aus sechs Spielen sind zu wenig. Ralf Rangnick übernimmt Ende September die Verantwortung. Und startet gleich mal mit sechs Siegen in Serie. Als man am 12. März 2005 die Bayern schlägt und die Tabellenführung sichert, wuchern die Träume. Aber man hält dem Druck nicht stand. Niederlagen in Mainz, Stuttgart und Berlin lassen die Bayern am Ende doch wieder triumphieren. Der Auswärtssieg in Freiburg am letzten Spieltag sichert immerhin Platz zwei und damit die direkte Qualifikation für die Champions League.

2007

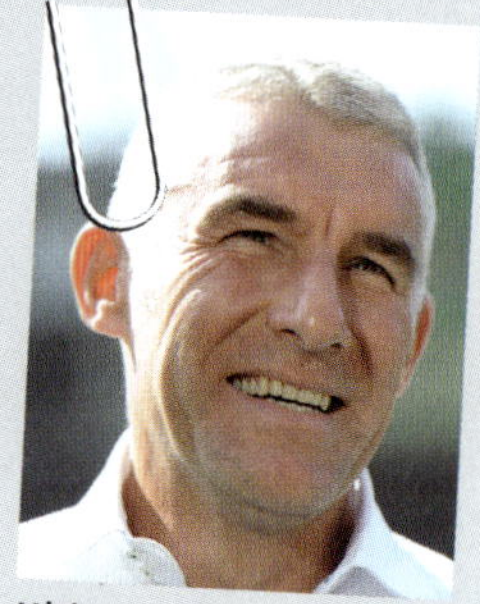

Mirko Slomka

Trainer Mirko Slomka hätte sich auf Schalke unsterblich machen können. Aber am Ende soll es wieder nicht sein. Die Saison nimmt einen überragenden Verlauf. Bis zum 22. Spieltag stehen lediglich drei Niederlagen zu Buche. Vor allem auswärts ist man bärenstark. Und führt auch in Wolfsburg mit 2:0. Dumme Fehler lassen die Gastgeber noch zum Ausgleich kommen. Der komfortable Vorsprung schmilzt. Erst recht nach zwei Heimniederlagen hintereinander. Doch das Team fängt sich wieder, und die Fans kommen nur noch mit Pappschale ins Stadion. Dann biegen sie auf die Zielgerade ein und vergeigen es noch. 1:2 beim Nachbarn VfL Bochum. 0:2 beim Nachbarn Dortmund (!), Stuttgart zieht mit sechs Siegen in Folge mit am Ende zwei Punkten Vorsprung noch vorbei. Schalke – ein Tränental!

2010

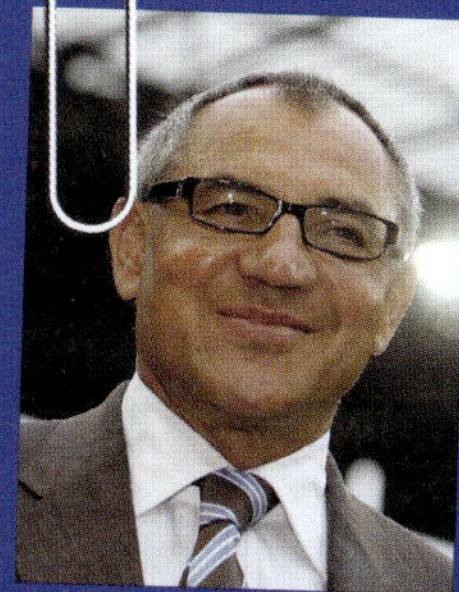
Felix Magath

Felix Magath hat auf Schalke das Traineramt übernommen. Zuvor war er mit dem VfL Wolfsburg sensationell Meister geworden. Und bei Schalke macht er da weiter, wo er in Niedersachsen aufgehört hat. Die junge und weitgehend namenlose Mannschaft wächst über sich hinaus. Und weil in diesem Jahr auch die Bayern immer wieder patzen, ist spätestens nach einem souveränen 2:0-Sieg in Leverkusen am 28. Spieltag die Schale mal wieder in Sichtweite. Doch sie vermasseln es wieder. Gewinnen danach nur noch zwei Spiele. Zu wenig, um den Bayern Paroli zu bieten.

2018

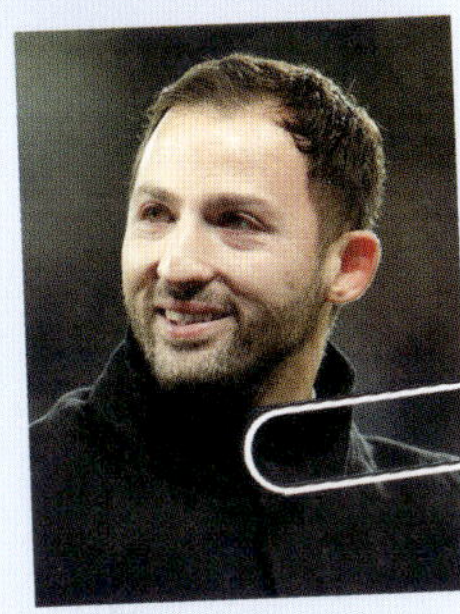
Domenico Tedesco

Die letzten Jahre haben eine Enttäuschung nach der anderen gebracht. Trainer kommen und gehen. Die meisten Neuzugänge bringen die Mannschaft nicht weiter. Da zieht der neue Manager Heidel einen gänzlich unbekannten Trainer aus dem Hut – Domenico Tedesco. Der schwört das Team auf ein nicht gerade attraktives aber brutal effektives System ein. Die knappen Siege in Serie lassen die Mannschaft immer mehr an sich glauben. Routinier Naldo spielt die Saison seines Lebens. Andere richten sich an ihm auf. An den Titel ist nie zu denken. Am Ende sind es 18 Punkte Rückstand auf Bayern. Trotzdem ist dieser Vize-Titel mehr wert als mancher vor ihm. Weil er so gänzlich unerwartet kommt und den ganzen Verein aus der Tristesse führt.

Das ewige Trauma

Die Geschehnisse an jenem 19. Mai 2001 sind jedem Schalker in die Seele gebrannt. Wohl niemanden, der sich auch nur als Fußball-Interessierter bezeichnet, hat diese Schlussphase des letzten Spieltages kalt gelassen. Was bleibt, ist das Gefühl vom ewigen Scheitern einerseits und einem fast nicht mehr begreifbaren Dusel bei denen, die am Schluss mal wieder triumphieren.

Im Stadion ist es gewiss am Schlimmsten, aber vor dem Fernseher reicht auch schon. Ich bin damals in der Redaktion. Wir haben vier Kollegen draußen, einer muss den Scheiß ja aufnehmen und bearbeiten. Für mich sind die Titelträume nach dem 33. Spieltag zu Ende. Da hat Schalke nach einem lethargischen Kick in Stuttgart durch ein Tor von Balakow in letzter Sekunde verloren. In diese Schilderung bei der Konferenzschaltung im Radio dringt der Tor-Schrei aus München. Dort hat Zickler gegen Kaiserslautern mit einem Sonntagsschuss in allerletzter Sekunde für den 2:1-Sieg gesorgt. Damit sind die Bayern in der Tabelle an Schalke vorbeigezogen. Drei Punkte Vorsprung, wenn auch das schlechtere Torverhältnis. Wäre es in Stuttgart und München beim Unentschieden geblieben, wäre Schalke vor dem letzten Spieltag Tabellenführer geblieben. Hätte nur noch gegen Unterhaching gewinnen müssen. Aber so ist alles aus. Warum soll der Tabellen-Dreizehnte, der Hamburger SV, gegen Bayern gewinnen? Wovon träumst du nachts?

Dann diese Dramatik im Schalke-Spiel. 0:2 zurück, dann auch 1:3, aber sie drehen das Ding. Nur nutzt das nix – keine Tore in Hamburg. Bei uns in der Redaktion läuft der Fernseher (Premiere) und das Radio (WDR) gleichzeitig. Da kommt aus dem Radio der Schrei: 1:0 für den HSV! Kopfball Barbarez. Plötzlich ist alles ganz anders. Ich weiß noch, dass ich auf dem Boden knie. Mein Gott, Schalke ist Meister! Das kann doch nicht wahr sein. Auf dem stummen TV-Bild sehe ich, wie in Schalke das Spiel zu Ende ist und sich auf den Rängen wohl langsam die Nachricht vom Tor in Hamburg verbreitet. Alles gleicht einem Tollhaus. Der Ton im TV ist ca. zehn

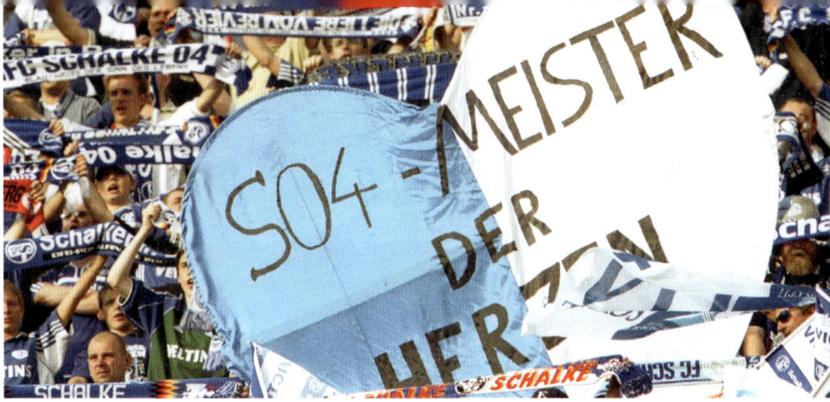

Saison 2000/2001 – Meister der Herzen

Sekunden langsamer als im Radio. Von daher ist alles ein wenig zeitversetzt. Wenig später spielt das noch eine Rolle.

Denn während im Radio das Bayern-Spiel weiter live kommentiert wird, sagen die Bilder aus dem Parkstadion, dass man dort wohl der Meinung ist, auch in Hamburg sei das Spiel zu Ende. Während die Kameras überall weinende, glückselige Menschen einfangen, ein einziges Meer aus Freude und Glückseligkeit, vermeldet die verfluchte Stimme aus dem Radio: Freistoß für Bayern! Ich habe dann verzweifelt umgeschaltet auf dieses verdammte Spiel. Alles ist irgendwie neblig und irreal. Eine Hamburger Menschenmauer vor dem eigenen Tor. Was war da eigentlich passiert? Wieso denn dieser bescheuerte Freistoß? Der allerdings so nah vor dem Tor ist, dass man den Ball eigentlich ja nicht versenken kann. Andersson läuft im TV an … und da schreit es aus dem Radio auch schon: „Tor, der Ball ist im Tor! 1:1-Ausgleich, Bayern ist Meister." Kahn läuft, wie es sich für einen Irren gehört, an die Eckfahne, reißt sie raus und springt damit herum. Auf der Bayern-Bank drehen alle durch. Mehr weiß ich nicht mehr.

Ich habe auch nicht mehr nach Schalke zurückgeschaltet und deswegen all diese Bilder von den verzweifelten Fans und Spielern erst später gesehen. Wie in Trance habe ich diese bescheuerte RevierSport-Ausgabe irgendwann hingefummelt und bin gegen 23 Uhr nach der Produktion nach Hause gefahren. Im Auto habe ich Rotz und Wasser geheult. Noch heute bin ich froh, dass ich an diesem 19. Mai 2001 heil in Witten angekommen bin.

Die Knappenschmiede

Seit der Saison 2011/2012 nennt Schalke seine gesamte Nachwuchsabteilung „Knappenschmiede“.

Mit dieser Namensgebung bekennt man sich einmal mehr zur Gründer-Tradition, die eng mit dem Bergbau verknüpft ist. „Knappen“ dürfen sich Bergleute nennen, wenn sie eine abgeschlossene Lehre unter Tage hinter sich haben. Und so begreift sich Schalkes „Knappenschmiede“ als Ausbildungsstelle für zukünftige gestandene Profis.

Doch der Ansatz ist ganzheitlich. Beileibe nicht jedes dieser Talente wird später ein Profispieler. Von daher stehen neben dem Leistungssport schulische und berufliche Ausbildung auf einer Stufe. Dazu wird im Jahr 2000 eine enge Kooperation mit der benachbarten Gesamtschule Berger Feld eingegangen. Der Vorteil: Trainingsgelände und Schulhof sind nur wenige hundert Meter voneinander entfernt. Die Erfolgsbilanz der Schalker Nachwuchsarbeit ist beeindruckend; so belegt das Schalker Nachwuchszentrum nach einer Anfang 2013 veröffentlichten Studie des britischen „Internet-Sportjournalisten des Jahres“, Nick Harris, europaweit unter mehr als 800 Vereinen den 12. Platz bei der Ausbildung von Talenten für die Top-Ligen.

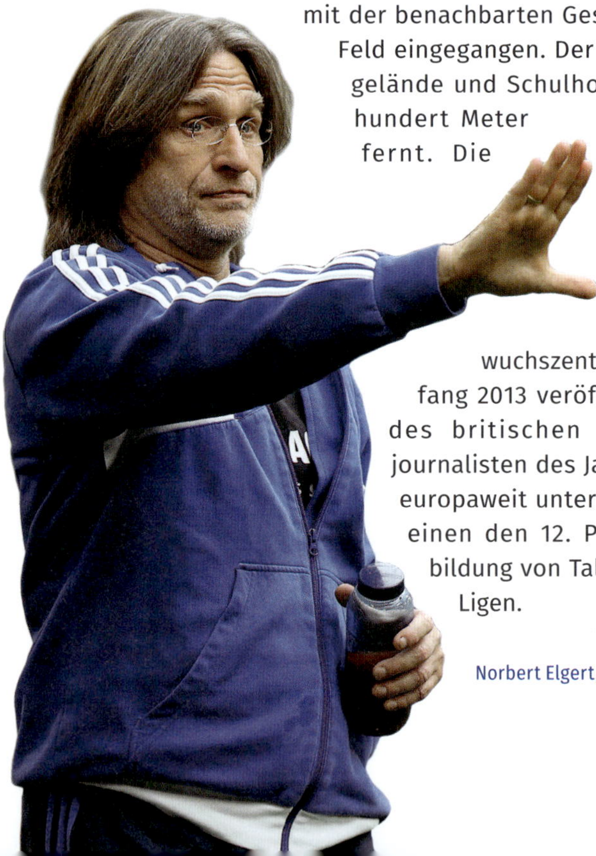

Norbert Elgert, der Diamanten-Veredler

Die bekanntesten Spieler, die aus der Schalker Nachwuchsarbeit hervorgehen (ohne Anspruch auf Vollständigkeit):
Rüdiger Abramczik, Kaan Ayhan, Alexander Baumjohann, Ulrich Bittcher, Sebastian Boenisch, Niko Bungert, Hans-Günter Bruns, Ralf Fährmann, Mike Hanke, Tim Hoogland, Thilo Kehrer, Sead Kolašinac, Thomas Kruse, Harald Kügler, Jens Lehmann, Reinhard Libuda, Joel Matip, Max Meyer, Philipp Max, Weston McKennie, Michael Opitz, Christian Pander, Fabian Reese, Leroy Sané, Mathias Schipper,Mathias Schober, Michael Skibbe, Michael Tönnies, Wolfram Wuttke und viele mehr.

Und natürlich die Weltmeister:
Olaf Thon (1990) sowie Manuel Neuer, Mesut Özil, Benedikt Höwedes und Julian Draxler (2014).

Elgert ist der Ober-Schmied

Als Norbert Elgert fünf Jahre als Profi beim FC Schalke unter Vertrag steht, ist kaum zu ahnen, dass dieser Rechtsaußen einmal eine so exponierte Rolle im Verein spielt. Freilich nicht als Aktiver, sondern als Trainer. Elgert ist das Gesicht der Knappenschmiede und wohl der anerkannteste Fachmann im Thema Jugendfußball in Deutschland. Ein wahrer Diamantenveredler. Durch die Schule von Elgert gehen Spieler wie Manuel Neuer, Mesut Özil, Benedikt Höwedes, Julian Draxler und Max Meyer. Mit diesen und vielen anderen Hochbegabten wird Elgert mehrfach Deutscher Meister und Pokalsieger bei der U-19. Über 50 seiner Schützlinge gelingt der Sprung in eine der höchsten europäischen Ligen. Zum Dank wählen die Vereinsmitglieder Norbert Elgert in den erlauchten Kreis der allerverdientesten Persönlichkeiten – der Schalker „Kabine“.

AHA!

„Ich werde nie zum FC Bayern gehen“

Fußballprofi ist ein Beruf. Die wenigsten, die ihn ausüben, machen das bei dem Verein ihres Herzens. Alle haben mal als Kids in irgendeiner Bettwäsche geschlafen und verdienen ihr Geld später ganz woanders. Die meisten Fans haben das begriffen, und es ist wohl auch nicht anders zu machen.

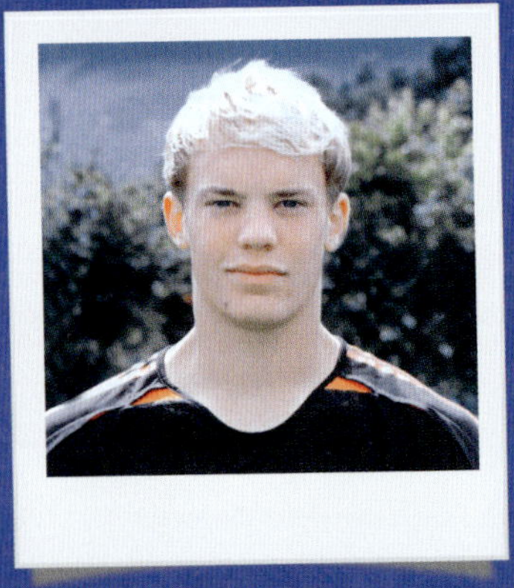

Verlorener Sohn: Manuel Neuer

Bei Manuel Neuer war alles anders. Der Torhüter war erklärtermaßen der größte Fan des FC Schalke. Für ihn kann es, das beteuert er immer wieder, nichts Größeres geben, als vor „seinen Jungs“ im Tor zu stehen. „Seine Jungs“, das ist der Fanklub „Buerschenschaft“, dessen Leibchen er unter seinem Trikot trägt. Bei Auswärtsfahrten verlässt er oft an einer Raststätte den Schalker Vereinsbus und fährt mit „seinen Jungs“ nach Hause.

Es gibt keine engere Verbindung in der jüngeren Vereinsgeschichte als die zwischen Neuer und seinem geliebten FC Schalke. Und die Fans sind sicher, dass er den Verlockungen des ewigen Abwerbers Bayern München widerstehen wird. Zumal er ja auch schon als Schalker das Tor der Nationalmannschaft hütet und mit seinem Verein auch Pokalsieger wird. Mit Neuer im Tor will Schalke auch in der Liga oben angreifen.

Es ist bekannt, wie alles gekommen ist. Neuer spielt bei Bayern, wird dort jedes Jahr Deutscher Meister. Ist Weltmeister und Multi-Millionär. Er hat alles richtig gemacht. Hat er das?

Señor bleibt unvergessen

Wer in die Schalker „Ehrenkabine" gewählt werden will, muss Außerordentliches für den Klub geleistet haben. Für gewöhnlich braucht man dafür viele Jahre. Der Spanier Raúl schafft es in lediglich zwei Spielzeiten. Er zaubert sich nicht nur in eben diese Kabine, sondern auch in die Herzen der Fans.

Als der Spanier bei den Königlichen in Madrid aussortiert wird, scheint seine Karriere eigentlich beendet. Vermutlich unter großer Mithilfe von Christoph Metzelder, der sein Mitspieler bei Real ist und ebenfalls bei Schalke anheuert, landet der Señor in der Arena. Was anfänglich eher ein Marketinggag zu sein scheint, entpuppt sich bald als der größte Transfercoup der jüngeren Geschichte. Raúl brilliert auf dem Spielfeld als Torjäger und Vorbereiter, aber eben auch als vorbildlicher Kämpfer und Teamplayer. Und außerhalb ist er gegenüber den Fans die Freundlichkeit und Bescheidenheit in Person. Zaubertore von ihm werden zu Toren des Monats und des Jahres gewählt. Mit Klaas-Jan Huntelaar bildet er ein Traumduo, das die Fans verzückt.

Immer wieder bezeichnet Raúl später Schalke 04 als seine zweite Liebe. Mittlerweile wieder im Jugendbereich bei Real Madrid tätig, besucht er immer mal wieder die Arena, wo er mit Zuneigung der Fans überschüttet wird. Keine Frage: Er bringt Glanz in die Schalker Hütte.

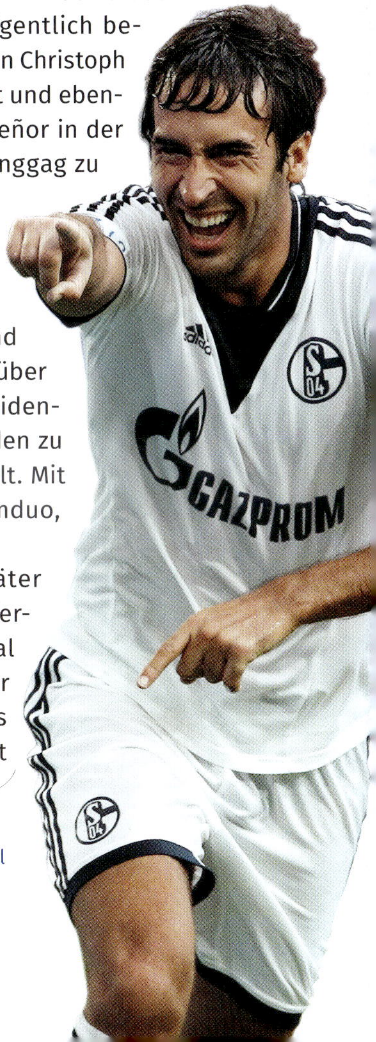

Liebling der Fans: Raúl

Heulen für Schalke

Es ist der 6. Juni 1981, der 33. Spieltag der Bundesliga. Ort des Geschehens: Der Kaiserslauterner Betzenberg. Fünf Minuten vor Spielschluss ist gerade das 2:0 für Lautern gegen Schalke 04 gefallen. Das Spiel ist entschieden. Nicht nur das: Auch der erste Abstieg der Schalker aus der Bundesliga besiegelt. Und auf der Gästebank hockt ein Haufen Elend und weint bitterlich: Charly Neumann, Schalker Spielerbetreuer, ist völlig aufgelöst.

Doch nicht nur Profi-Skeptikern erscheint die Inszenierung Neumannscher Verzweiflung schon ein wenig künstlich. Augenzeugen geben auch zum Besten, dass diverse Kamerateams samt Beleuchter erst in aller Ruhe ihre Arbeitsvorbereitungen am Ort des Gefühlsausbruchs beenden können, bis Charly mit der Heulerei beginnt.

Ähnlich spektakuläre Zusammenbrüche erwachsener Menschen nach verlorenen Fußballspielen sind vorher und nachher nicht aufgetreten – bis zum nächsten Abstieg von Schalke 04 1984. Von diesem traurigen Ereignis werden in den Archiven Bilder verwahrt, auf denen ein schwerer Fünfzigjähriger weinend in den Armen blauweiß geschmückter Kinder liegt und stammelt: „Jungs, wir steigen wieder auf, ehrlich!“

Charly hat seine Tränen-Kunst verfeinert und der Schalker Seele angepasst. Wo allen Beiwohnern der Trauerorgie der vollzogene Selbstmord als konsequent und unbedingt nachvollziehbar erscheinen muss, stößt der Delinquent plötzlich und völlig überraschend trotzige Überlebensparolen und mutige Zukunftsvisionen hervor.

Und an eine dritte Aufführung sei kurz erinnert, wo Charly sein tragisches Talent vor dem Hintergrund eines erfreulichen Ereignisses präsentiert. Obwohl in Schalke mittlerweile Harald „Toni“ Schumacher das Tor hütet, sind die Blauen erbärmlich aus den Startlöchern gekommen, haben haushohe Niederlagen hinnehmen müssen. Dann kommt es zum ersten Sieg, wovon Aufnahmen über-

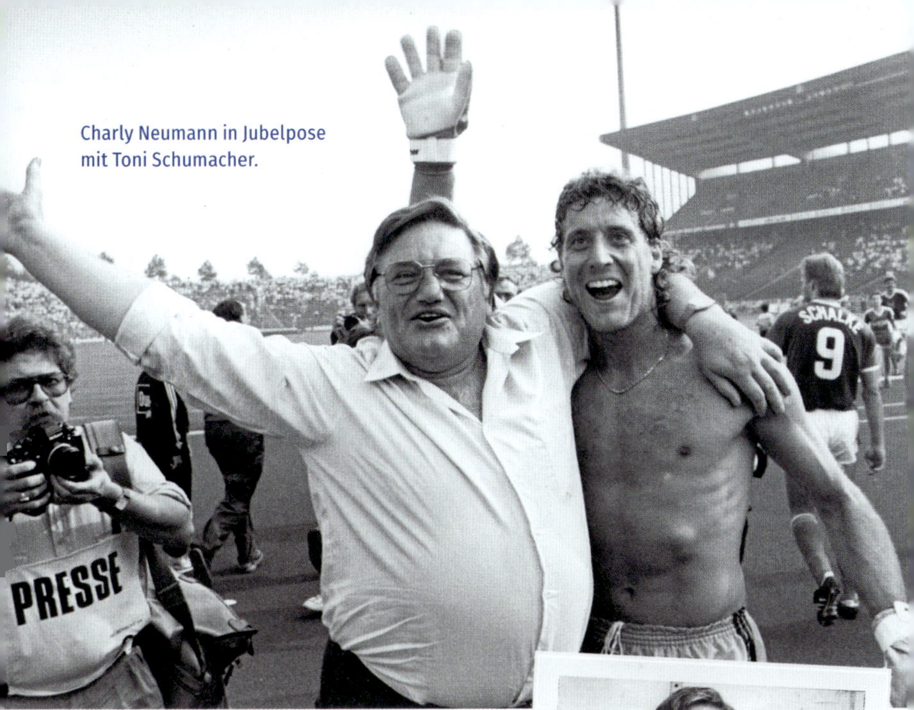

Charly Neumann in Jubelpose mit Toni Schumacher.

liefert sind, auf denen Charly tränenüberströmt Richtung Fankurve läuft, alles abküsst, was sich nicht unmittelbar in Sicherheit bringen kann, und wie von Sinnen ruft: „Toni für Deutschland!“

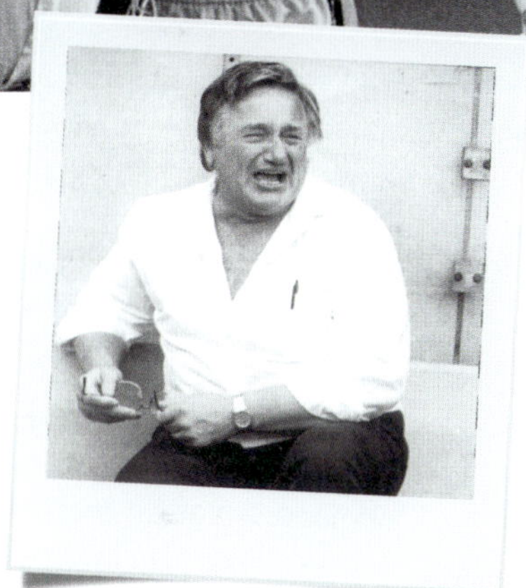

Charly Neumann untröstlich beim Abstieg 1981

Doch dieser närrische Oberfan ist bis zu seinem Tod weit mehr als ein Segen für Schalke. Warum sollte denn ausgerechnet noch aus S04 einer dieser grässlichen „normalen“ Klubs werden. Mischungen aus Andenken-Lädchen und Großkonzernen, die versuchen, den Fußball wie eine x-beliebige Ware zu verkaufen. Schalke selbst wiederum hegt und pflegt Charly Neumann bis zu seinem Ableben. Hätte es ihn nicht gegeben, hätte man ihn erfinden müssen. Und ob seine Tränen echt waren? Es wäre immerhin möglich ...

Europa, wir kommen!

„Wenn Schalker auf Reisen gehen, wünsche ich mir, dabei zu sein!“

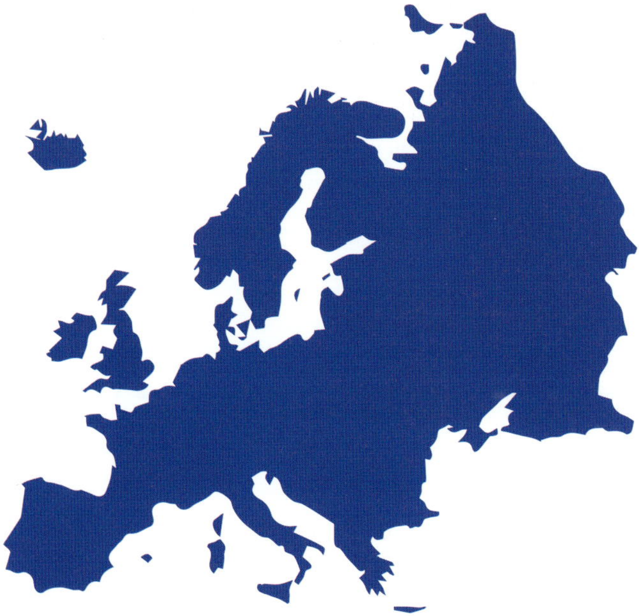

Seit der Einführung der europäischen Wettbewerbe im Vereinsfußball reist Schalke 04 kreuz und quer durch den Kontinent. 34 Länder stehen auf der Liste. Israel und Libyen gehören streng genommen dabei nicht zu Europa, dürfen aber an den Wettbewerben teilnehmen. Im Einzelnen geht es bisher nach:
Belgien (3), Bulgarien (2), Dänemark (3), England (9), Finnland (1), Frankreich (4), Griechenland (5), Irland (1), Italien (6), Israel (2), Kroatien (3), Lettland (1), Libyen (1), Mazedonien (1), Moldau (1), Niederlande (6), Norwegen (1), Österreich (2), Polen (2), Portugal (6), Rumänien (3), Russland (2), Schottland (2), Schweden (1), Schweiz (2), Slowenien (1), Spanien (14), Türkei (4), Tschechien (6), Ukraine (2), Ungarn (2), Weißrussland (1), Zypern (3).

„Wir schlugen Roda ..."

Das Wunder beginnt fast genau ein Jahr zuvor, am 11. Mai 1996 um 17.18 Uhr: Es ist die vorletzte Runde der Saison 1995/96, der Tag der Entscheidungen. In der letzten Minute ein königsblauer Konter über rechts. Flanke Scherr, Kopfball Müller zum 2:1 gegen die Bayern – und das Parkstadion explodiert.

Schalke spielt wieder in Europa! Die Fans verstehen es als Belohnung. Nach drei Abstiegen und fünf Jahren zweite Liga. Nach 19 Jahren ist man zurück auf der großen Bühne. Und die Fans platzen vor Stolz.

Niemand wagt auch nur davon zu träumen, dass die UEFA-Cup-Saison mehr als „Dabeisein ist alles" bringen kann. Das Erreichen der zweiten Runde: Daran glauben nur Fantasten. Was dann aber passiert, gehört zu den schönsten Erlebnissen in der Schalker Geschichte. Die unfassbare Reise durch Europa bringt Schalke bis ins San Siro.

Die fünf Zwischenstationen bleiben dabei unvergesslich. Kerkrade und Trabzonspor, Brügge und Valencia. Dann Teneriffa mit dem Zitter-Sieg im Rückspiel in der Verlängerung nach einem 0:1-Rückstand. Dann kommt das Finale. Dann kommt Mailand. Dann kommt der Jubel, der bis heute nachklingt.

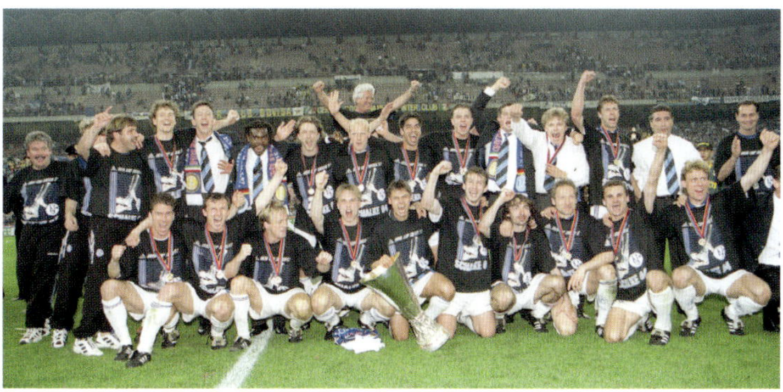

Die Euro-Fighter von 1997: ein Team für die Geschichtsbücher

Die Klasse von 97 (und was aus ihnen geworden ist)

Jens Lehmann: Ein Jahr nach dem Finale in Mailand wechselt er dorthin, allerdings zum AC. Landet später beim BVB, wo er deutscher Meister wird, und in London bei Arsenal. Beendet seine Karriere in Stuttgart.

Olaf Thon: Bestreitet bei der WM 1998 sein letztes Länderspiel. Etliche Verletzungen stoppen immer wieder seinen Ehrgeiz. Und so gehört er nur noch formal zu den Kadern von 2001 und 2002. Heute im Verein verantwortlich für die Traditionsmannschaft.

Andreas Müller: Nach Beendigung seiner aktiven Laufbahn ist er zunächst die „rechte Hand" von Rudi Assauer und von 2006 bis 2009 verantwortlicher Manager. In dieser Funktion später auch noch bei der TSG Hoffenheim und Rapid Wien aktiv.

Yves Eigenrauch: Muss 2002 seine Karriere wegen eines Knorpelschadens im Knie beenden. Macht sich außerhalb des Rasens als streitbarer und aktiver „Kulturarbeiter", etwa als taz-Kolumnist, beim Kinder- und Jugendtheater Gelsenkirchen oder bei einem Generationen-Wohnprojekt einen guten Namen.

Radoslav Látal: Verlässt Schalke 2001 und kehrt zurück in seine Heimat Tschechien. Dort gewinnt er mit Baník Ostrava noch einmal den nationalen Pokal und den Titel. Als Trainer sowohl in Tschechien als auch in der Slowakei und in Polen erfolgreich.

Marc Wilmots: Verlässt Schalke 2000, kehrt aber ein Jahr später zurück und wird 2002 Pokalsieger. Sowohl 1998 als auch 2002 erfolgreich für Belgien bei der WM unterwegs. Zum Ende der Saison 2002/03 kurz als Cheftrainer auf Schalke. Seine Laufbahn als Coach setzt er dann in Belgien fort. Ab Oktober 2009 Trainer der belgischen Nationalmannschaft, wird er für die Qualifikation zur WM 2014 zum „Trainer des Jahres" gewählt. 2016 ist die Zusammenarbeit mit dem Verband wieder beendet. Von 2003 bis 2005 für die liberale Partei Mouvement Réformateur im belgischen Senat.

Jiří Němec: Gehört auch noch als tragende Säule zum Vizemeisterteam 2001 und wird 2002 Pokalsieger. Bis zum Ende seiner Karriere noch bei vier Klubs in Tschechien aktiv. Arbeitet derzeit als Co-Trainer bei SK Kladno.

Ingo Anderbrügge: Beendet 1999 seine Karriere bei den Sportfreunden Siegen und beschäftigt sich dann als Unternehmer unter anderem mit der Gründung von Sportgeschäften und einer Fußballschule. Sportlich schreibt er noch einmal Schlagzeilen in den Jahren 2003 und 2004 als „Kicker" des american football-Teams von Rheinfire Düsseldorf.

Michael Büskens: Nach seinem Karriereende 2002 gleich zwei Mal Aushilfs-Chefcoach auf Schalke. Hier auch bei den Amateuren in verantwortlicher Position. Weitere Trainerstationen: Spvgg. Fürth, Fortuna Düsseldorf und bei Rapid Wien. Als Co-Trainer auf Schalke übernimmt er neun Runden vor Ende der 2. Liga-Saison 2021/22 die Chefrolle und führt „seinen S04" zurück in die Bundesliga. Damit endgültig auf Schalke „unsterblich".

Martin Max: Nach seinem Weggang 1999 wird er bei 1860 München (zweimal) und Hansa Rostock (einmal) Torschützenkönig der Bundesliga. Danach beendet er seine Karriere und kehrt ins Ruhrgebiet zurück. Für Schalke repräsentativ und bei der Traditionsmannschaft unterwegs.

Youri Mulder: Bis 2002 gehört er dem Schalke-Kader an, auch wenn er wegen diverser Verletzungen wenig zum Einsatz kommt. Zusammen mit Mike Büskens steht er noch zweimal als Übergangstrainer zur Verfügung. Arbeitet mittlerweile als Experte für das niederländische Fernsehen.

Thomas Linke: Als er 1998 nach 175 Bundesligaspielen Schalke verlässt, warten bei Bayern München noch die richtig großen Erfolge auf ihn. Nationale Meisterschaft (5x), Pokal (3x), die Champions League 2001 und der Weltpokal stehen in seiner persönlichen Vitrine. Dazu in 43 Länderspielen dabei und Vizeweltmeister 2002. Lässt seine Karriere in Salzburg ausklingen. Als Sportdirektor beim FC Ingolstadt erfolgreich tätig.

Johan de Kock: 2000 muss er seine Karriere verletzungsbedingt beenden. In seinem Beruf als Ingenieur am Bau der Arena beteiligt. Gehört zum Aufsichtsrat des niederländischen Fußballverbands.

Seuchen-Saison

16. Januar 2020. Schalke startet in der Arena mit einem sehr überzeugenden 2:0-Sieg über Borussia Mönchengladbach in die Rückrunde. Es herrscht eitel Sonnenschein über dem Berger Feld. Zwar werden in den nächsten Wochen die Leistungen überschaubarer, aber es gelingt der Einzug ins Viertelfinale des DFB-Pokals. Dann taucht ein neuer Name auch im Profifußball auf: Corona. Die Seuche nimmt ihren Lauf und zieht manches und manche ins Verderben. Auch den FC Schalke 04.

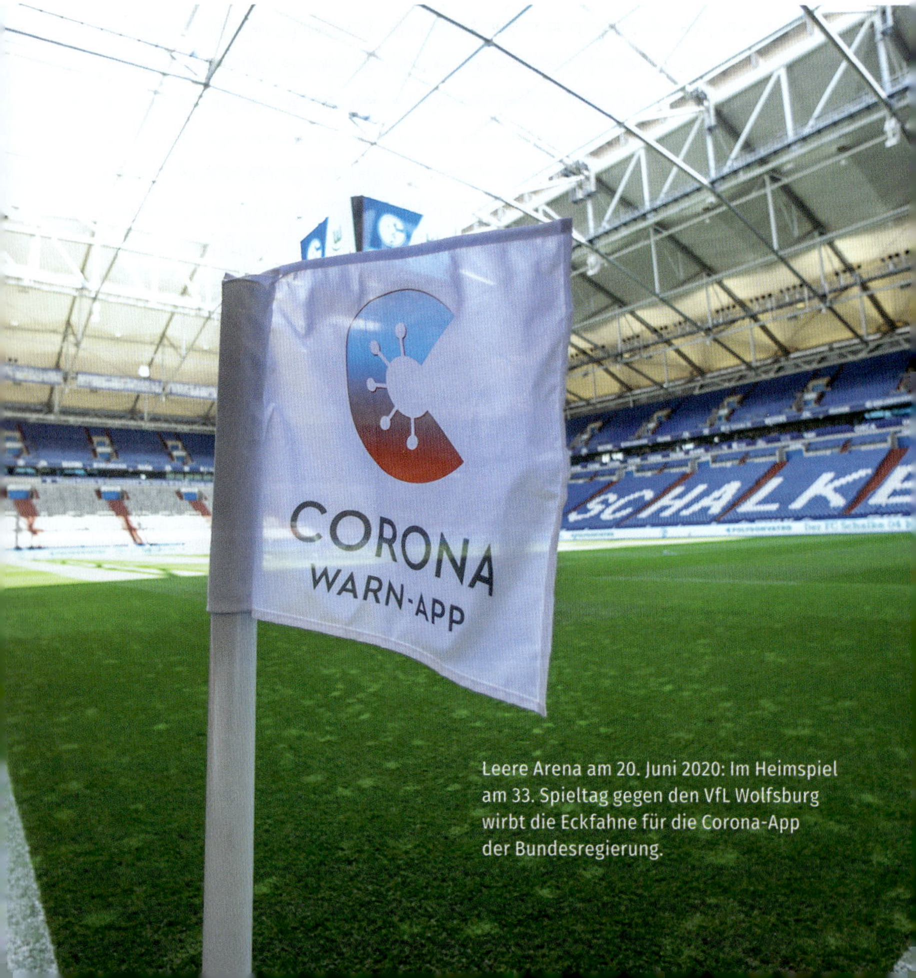

Leere Arena am 20. Juni 2020: Im Heimspiel am 33. Spieltag gegen den VfL Wolfsburg wirbt die Eckfahne für die Corona-App der Bundesregierung.

Bald finden die Bundesligaspiele unter Ausschluss der Öffentlichkeit statt. Und auf Schalke wird alles noch ein wenig trister. Kein Spiel wird nach diesem Dreier gegen Mönchengladbach noch gewonnen, man zehrt vom üppigen Punktekonto aus der ersten Serie. Auch deswegen entscheiden sich die Verantwortlichen, an Trainer Wagner auch für die kommende Spielzeit festzuhalten. Es ist der Missgriff der letzten Jahrzehnte in der an Fehlentscheidungen reichen Chronik des Vereins.

Der Neustart wird zum reinen Fiasko – 0:8 bei den Bayern. So geht es munter weiter. Die Leistungen der hoch bezahlten Legionäre, die sich um die Reaktionen auf den Rängen nicht kümmern müssen, denn Fans sind ja keine da – Woche für Woche zum Fremdschämen.

Dazu eine grotesk unfähige Vereinsführung, die zwar den Mühlstein der irrwitzigen Verträge für eklatante Leistungsverweigerer um den Hals trägt, aber auch selbst alles falsch macht, was falsch zu machen ist. Erst am 14. Spieltag gelingt der erste Sieg. Eigentlich läuft man da bereits chancenlos der Kapelle hinterher. Schließlich werden insgesamt fünf Trainer verschlissen, die einen der blamabelsten Abstiege der Bundesligageschichte nicht verhindern können, dazu ist ein monströser Schuldenberg aufgelaufen.

Die Sorgen über den Fortbestand der Königsblauen werden kaum kleiner, als man den Großteil der schändlichen Großverdiener mit herben Bilanzverlusten wieder loswerden kann. Auch Big Boss Tönnies geht, ebenso der Buchhalter des Wahnsinns, Peter Peters, sowie die gesamte sportliche Leitung. Der Umbruch lastet auf den Schultern von Neuvorstand Peter Knäbel, Sportdirektor Rouwen Schröder, vor allem auch der neuen Finanzchefin Christina Rühl-Hamers.

Kein Geld, keine Mannschaft, die Fans restlos verprellt und frustriert. Und die Seuche nimmt kein Ende. Quo vadis, Schalke 04?

Aufstieg aus Ruinen

Es ist Titanenarbeit, die vor dem Start der Zweitligasaison von der neuen sportlichen Leitung geleistet werden muss. Am Ende sind 45 Transferbewegungen zu registrieren. Die neuen Spieler kennen, wenn überhaupt, nur Experten. Die Hoffnungen ruhen auf Simon Terodde, dem ewigen Zweitliga-Rekordschützen, und Danny Latza, einem Schalker Eigengewächs, das zum Ende seiner Laufbahn nach Gelsenkirchen zurückkehrt und der neuen Mannschaft etwas Stabilität verleihen soll. Alle anderen Neuzugänge sind unbeschriebene Blätter. Dazu die Youngster, die man in der Schlussphase der Abstiegssaison ins kalte Bundesligawasser geschmissen hat. Ihr Terrain bisher: die Regionalliga West. Schalke 04 vor dem Start: eine Wundertüte. Nur wenige Beobachter sind optimistisch. Für die meisten Auroren steht fest: ein Wiederaufstieg ist mit diesem Personal eigentlich nicht möglich.

Und obwohl – zunächst eingeschränkt – wieder Zuschauer kommen dürfen, scheint für den Klub die Seuche nicht zu enden. Beim 1:3 gegen den HSV zum Start verletzt sich Kapitän Latza schwer, kommt nur zum Ende der Spielzeit halbwegs wieder auf die Beine. Vier Punkte aus vier Spielen, die Mannschaft findet sich schwer, Trainer Grammozis wird jederzeit misstrauisch beäugt. Gelingt mal eine kurze Serie, wird sie schnell wieder zunichte gemacht. Das Spiel wirkt auch im Erfolg schablonenhaft, uninspiriert. Doch Simon Terodde trifft wie erhofft zuverlässig. Der Linksverteidiger Ouwejan ist ein Knaller, und einer wird schnell zum Publikumsliebling: der Japaner Ko Itakura erinnert auch an die besseren Zeiten mit Atsuto Uchida im Team.

Eines hat sich verbessert: die Mannschaft rackert, kämpft, lässt sich nie hängen, bleibt oben dran. Doch nach der Heimniederlage gegen Rostock scheint der kleine Aufstiegstraum endgültig geplatzt zu sein. Grammozis muss gehen, Mike Büskens, der alte Haudegen, übernimmt für die letzten neun Spiele. Was folgt, ist ein Rausch. Ein Befreiungsschlag. Balsam für die geschundene Schalker Seele. Nicht immer furios, aber kämpferisch und läuferisch mit ungeheurer Wucht werden die folgenden sieben Gegner, die sich alle hingebungsvoll wehren, niedergerungen. Schalke erobert einen Aufstiegsplatz, gibt ihn trotz der herben Heimniederlage gegen Werder Bremen nicht mehr ab. Dann der Samstagabend gegen St. Pauli. Die Eurofighter sind zu Gast. Vor 25 Jahren haben sie den UEFA-Cup gewonnen. Nun werden sie Zeugen, wie eine ähnliche Truppe, wie sie es waren, für Schalke durchs Feuer geht. Nach 0:2-Pausenrückstand wird das Spiel unter der frenetischen Anfeuerung eines entfesselten Publikums gedreht. 3:2. Aufstieg. Danach ist Party, tagelang. Schalke ist wieder „oben". Ein kleines Fußball-Wunder. Wahrlich ein Aufstieg aus Ruinen.

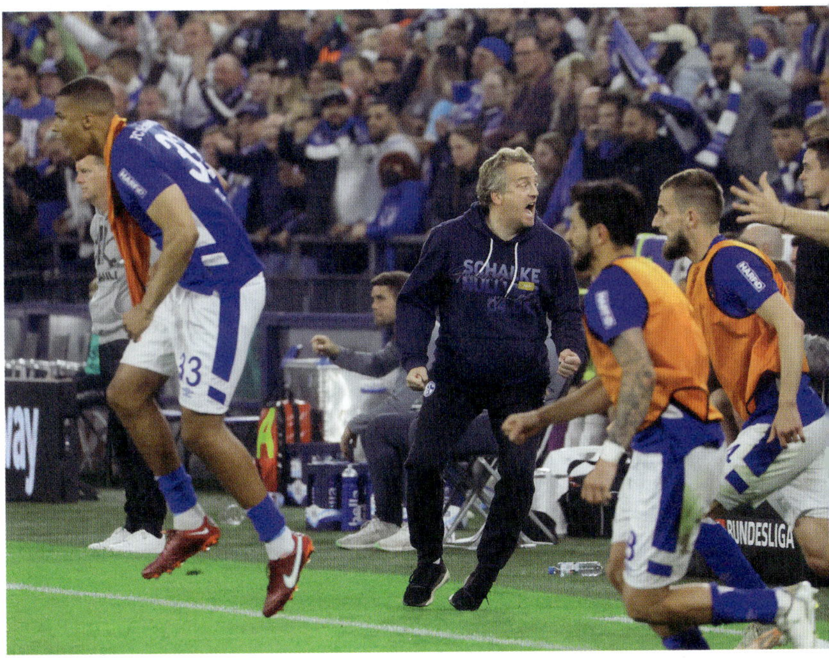

Kein Halten mehr nach dem Schlusspfiff beim letzten Heimspiel in der Zweitligasaison 2021/2022. Der Aufstieg ist perfekt. Büskens, Thiaw, Latza und Drechsler sind außer Rand und Band.

AHA!

Simon Terodde, Torfabrikant

Der Mann ist ein Phänomen im deutschen Fußball. Sicher gibt es zu jeder Zeit Kicker, die wissen, wo das gegnerische Tor steht. Aber nur wenige, die in einem Zeitraum von zehn Jahren in den höchsten Ligen so regelmäßig „knipsen" wie Simon Terodde. Für Schalke 04 war der Duisburger Junge jedenfalls der totale Glücksgriff nach all den kapitalen Fehleinkäufen der letzten Jahre. Ohne ihn wäre der direkte Wiederaufstieg nur schwerlich vorstellbar.

Dieses Kunststück gelang dem Stürmer, der in seiner Kinderfußballzeit beim SV Krechting von seinem Vater trainiert wird, nunmehr zum dritten Mal. 2017 schießt er den VfB Stuttgart zurück ins Oberhaus, 2019 den 1. FC Köln.

Dabei weist seine Karriere durchaus auch Rückschläge auf. Nach einer erfolgreichen Jugendzeit beim MSV Duisburg ist die Integration in den Männer- und Profifußball für Terodde kein Selbstläufer. 2009 geht er bewusst einen Schritt zurück und heuert bei der zweiten Mannschaft des 1. FC Köln an, wo es Coach Frank Schäfer vor allem auch gelingt, Teroddes Selbstzweifel zu kurieren. Drei Jahre ist er dann bei Union Berlin unter Vertrag. Schlecht läuft es nicht, aber immer wieder bremsen ihn Verletzungen aus.

Fahrt nimmt seine Torfabrikanten-Karriere aber erst beim VfL Bochum auf. Da ist er immerhin schon 26 Jahre alt. Trotz 41 Toren in zwei Jahren kann er dem VfL nicht zum ersehnten Aufstieg verhelfen. Nachdem es ihm in den Folgejahren zwei Mal gelang, scheitert er in diesem Bemühen beim HSV, trotz überdurchschnittlicher Torquote von 24 Treffern.

Manche auf Schalke sind skeptisch bei der Verpflichtung. Sein fortgeschrittenes Alter scheint gegen ihn zu sprechen. Auch die letzte Rückrunde in Hamburg. Doch Schalke erlebt den vielleicht besten Terodde der Karriere. Mitreißend für die Mannschaft kämpfend, abgeklärt und emotional zugleich und ausgestattet mit eben diesem phänomenalen Torjägerinstinkt. Dazu steckt er trotz aller Erfolge voller Ehrgeiz.

Tor, Tore, Terodde

1. FC Köln II.	52 Spiele, 20 Tore
Union Berlin	87/23
VfL Bochum	66/41
VfB Stuttgart	47/27
1. FC Köln	71/37
Hamburger SV	33/24
Schalke 04	90/40

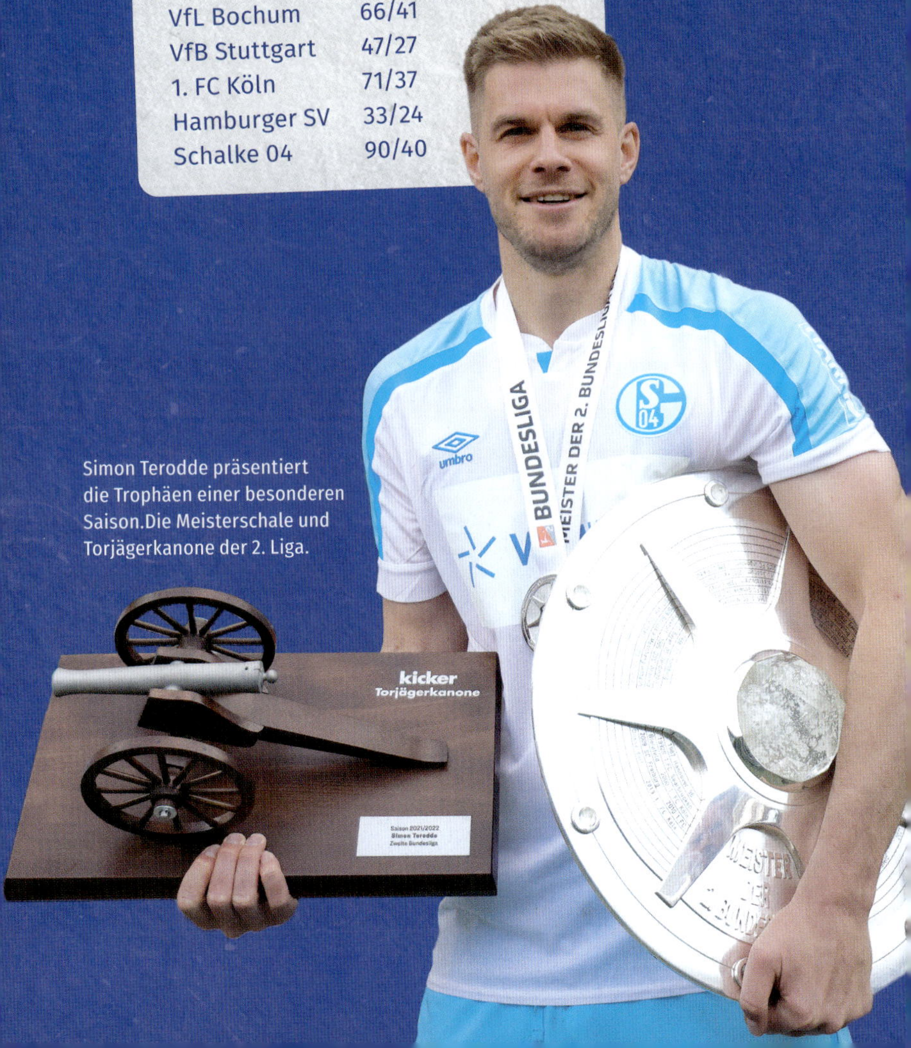

Simon Terodde präsentiert die Trophäen einer besonderen Saison.Die Meisterschale und Torjägerkanone der 2. Liga.

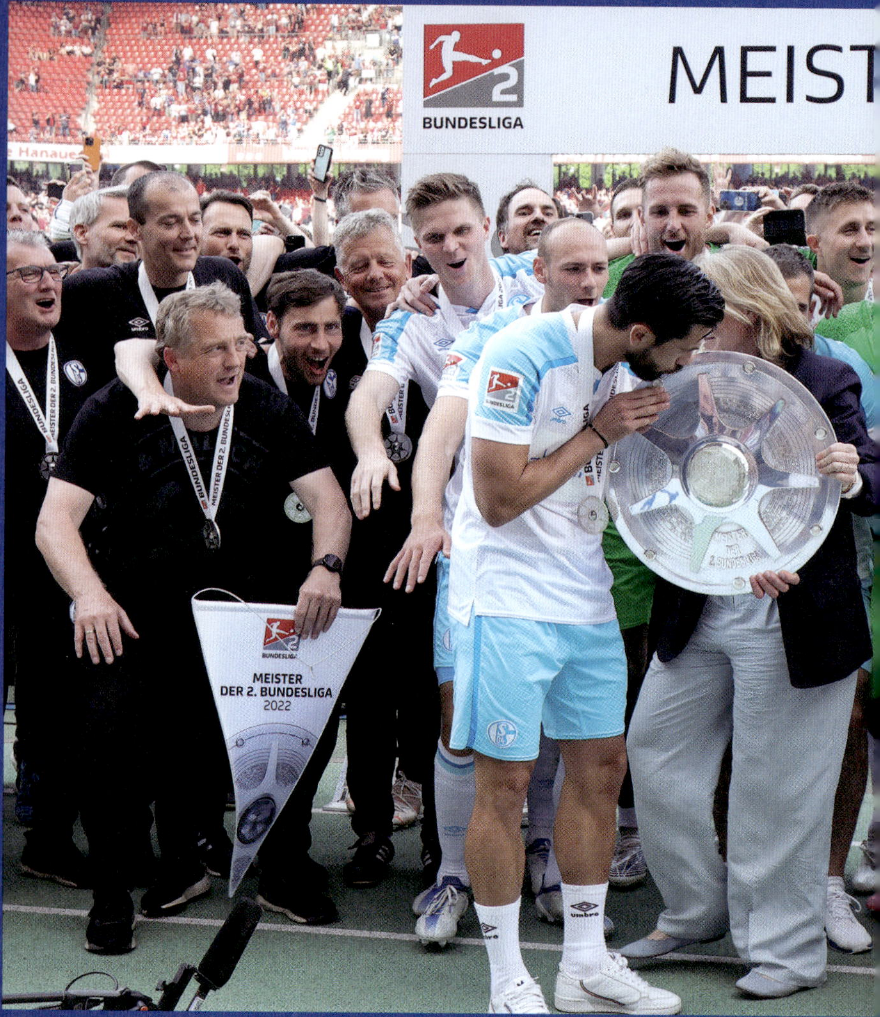

Gucken und Anfassen!

Es ist vollbracht, der FC Schalke 04 gewinnt die Meisterschale. Es ist die zwar nur die Trophäe für den Meister der 2. Liga der Spielzeit 2021/2022, aber ein großer Erfolg nach langer Durststrecke.

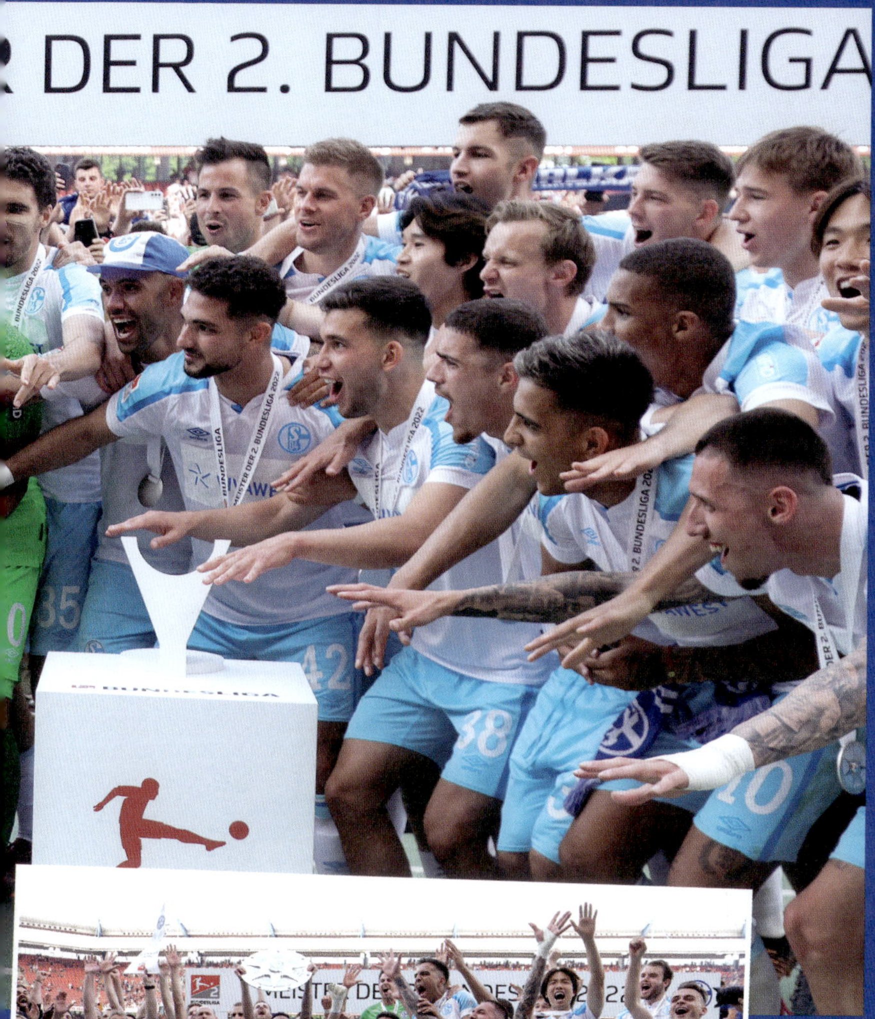
R DER 2. BUNDESLIGA

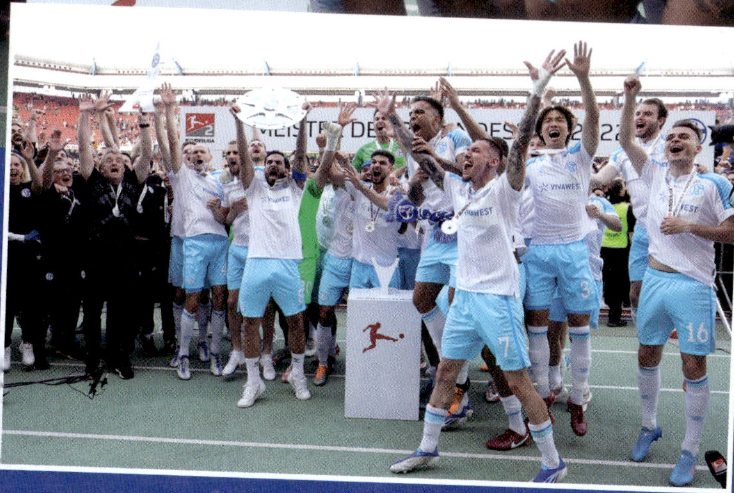

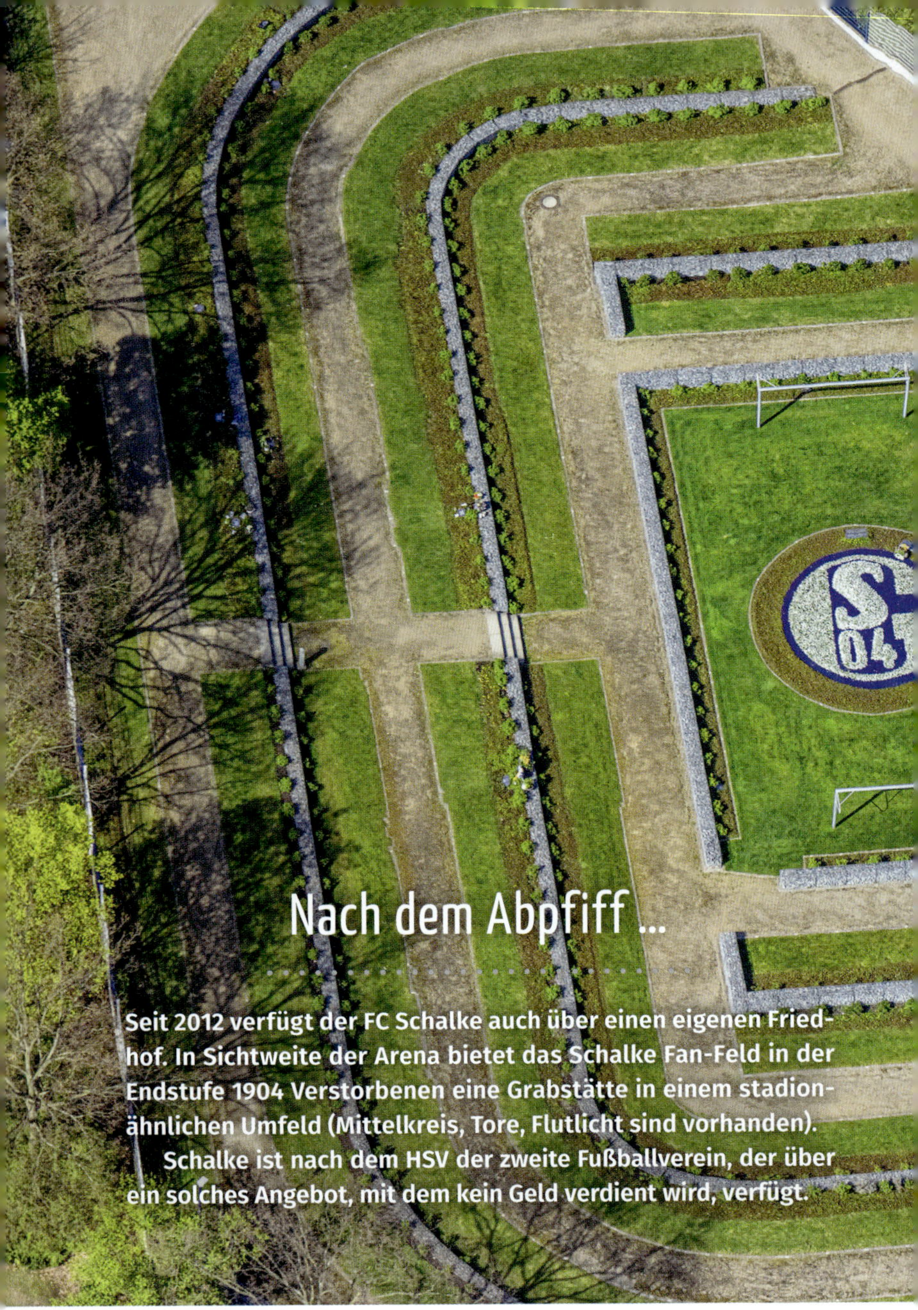

Nach dem Abpfiff ...

Seit 2012 verfügt der FC Schalke auch über einen eigenen Friedhof. In Sichtweite der Arena bietet das Schalke Fan-Feld in der Endstufe 1904 Verstorbenen eine Grabstätte in einem stadionähnlichen Umfeld (Mittelkreis, Tore, Flutlicht sind vorhanden).

Schalke ist nach dem HSV der zweite Fußballverein, der über ein solches Angebot, mit dem kein Geld verdient wird, verfügt.

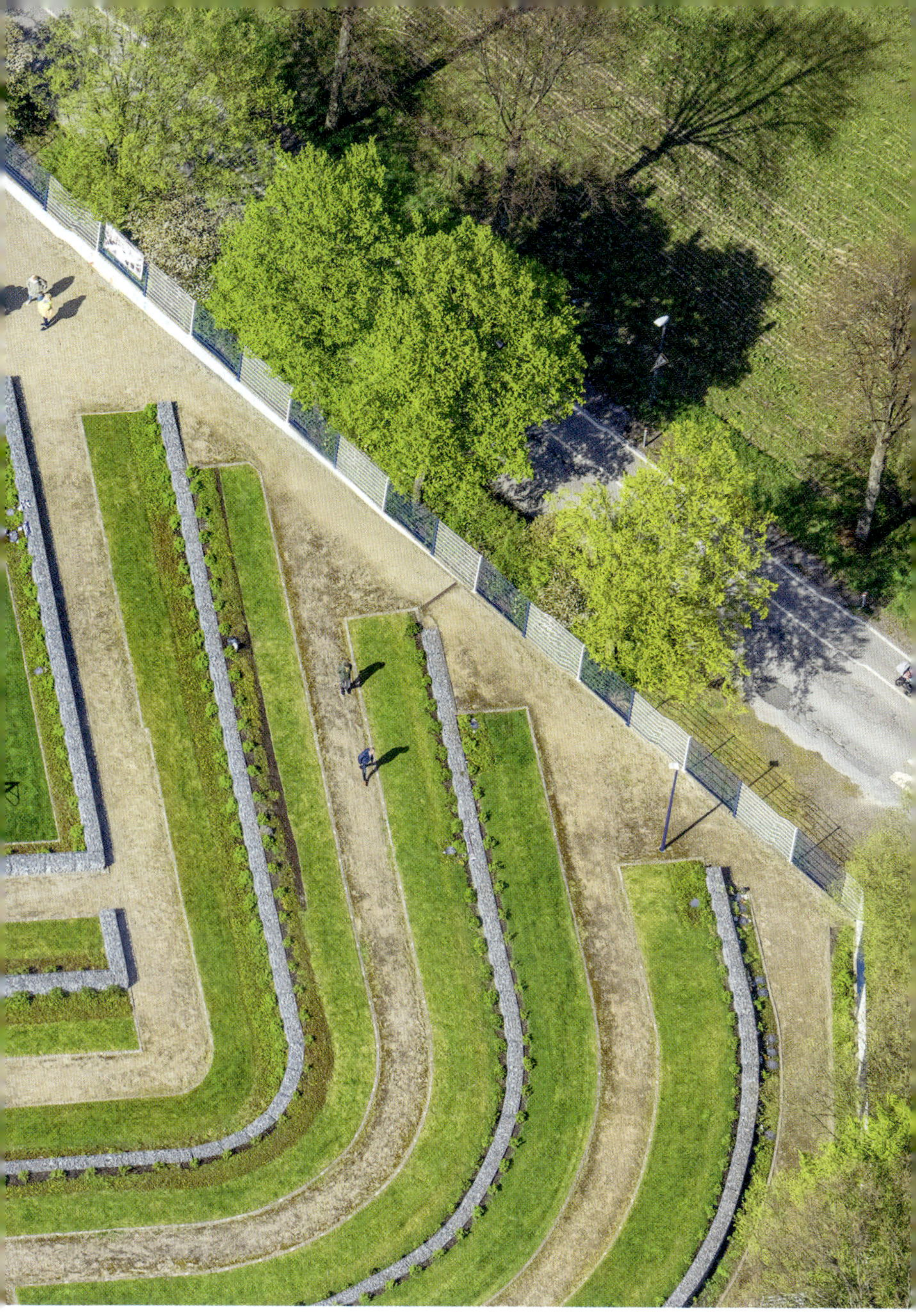

Das Quiz für echte S04-Experten

1. Wer gilt als eigentlicher Gründervater des FC Schalke 04?

a) Willi Gies
b) Papa Unkel
c) Christine Schuermann

2. Der „Schalker Kreisel“ ist zurückzuführen auf ein legendäres Duo. Welches?

a) Die Schwäger Szepan und Kuzorra
b) Die Gebrüder Bellmann
c) Hans und Bernie Klodt

3. Was war der Zuschauerrekord in der Glückauf-Kampfbahn, die regulär 36.000 Zuschauern Platz bot?

a) 38.000 gegen Bayern München
b) 70.000 gegen Fortuna Düsseldorf
c) 40.000 gegen Atlético Madrid

4. Wann war der erste Abstieg fällig?

a) 1948 aus der Oberliga West
b) 1981 aus der Bundesliga mit 18 Vereinen
c) 1972 aus der Bundesliga nach dem Skandal

5. Gegen welche DDR-Mannschaft bestritt (und verlor) Schalke 1977 zwei Spiele im UEFA-Cup?

a) Hansa Rostock
b) VfB Leipzig
c) 1. FC Magdeburg

6. Wer rettete mit seinem Tor zum 1:0-Sieg in Duisburg Schalke in der Saison 1972/73 vor dem Abstieg?

a) Klaus Fischer
b) Paul Holz
c) Erwin Kremers

7. Wo trug der FC Schalke 1963 sein legendäres Freundschaftsspiel gegen den FC Santos und Weltstar Pelé aus?

a) In der Glückauf-Kampfbahn
b) Im Dortmunder Stadion „Rote Erde“
c) In Essen an der Hafenstraße

8. Die kürzeste Amtszeit eines gewählten Schalke-Präsidenten betrug?

a) Drei Tage
b) Vier Wochen
c) Neun Monate

9. Wer ließ sich „eher die Beine abhacken, als von Schalke wegzugehen", landete dann aber trotzdem bei einem Großstadt-Klub?

a) Willi Schulz
b) Manfred Berz
c) Manuel Neuer

10. Gegen welchen Verein sicherte sich der FC Schalke am 33. Spieltag der Saison 1965/66 mit einem 2:0-Heimsieg den Klassenerhalt in der Bundesliga?

a) Tasmania Berlin
b) Borussia Neunkirchen
c) Waldhof Mannheim

11. Welcher Trainer verpflichtete in seinen 20 Monaten auf Schalke 40 neue Spieler?

a) Felix Magath
b) Ralf Rangnick
c) André Breitenreiter

12. DAS Lied der Fans zum UEFA-Cup-Sieg 1997. „Wir schlugen Roda, wir schlugen Trabzon ..." Und dann? Wen sowieso?

a) FC Valencia
b) Club Brügge
c) CD Teneriffa

13. Wer schoss den letzten und entscheidenden Elfmeter in Mailand beim UEFA-Cup-Sieg gegen Inter?

a) Marc Wilmots
b) Martin Max
c) Ingo Anderbrügge

14. Welcher der UEFA-Pokal-Helden spielte später noch bei Borussia Dortmund?

a) Andreas Müller
b) Jens Lehmann
c) Thomas Linke

15. Welchen Obolus mussten Schalker Tribünengäste pro Spiel zusätzlich bezahlen, damit 1974 Hannes Bongartz von Wattenscheid für 770.000 Mark Ablösesumme nach Schalke wechselte?

a) eine Mark
b) zwei Mark
c) zehn Mark

16. Gegen wen verliert Schalke 1983 in der Relegation und steigt damit zum zweiten Mal ab?

a) Bayer 05 Uerdingen
b) Arminia Bielefeld
c) Fortuna Düsseldorf

17. Welcher bekannte Sport-Reporter war in seiner Karriere sowohl Sprecher auf der Trabrennbahn Gelsenkirchen als auch Stadionsprecher von Schalke 04?

a) Manni Breuckmann
b) Kurt Brumme
c) Werner Hansch

18. Welcher legendäre Mittelfeldspieler, auf Schalke „Schweiger“ oder „Meister“ genannt, wurde nicht in die Jahrhundert-Elf gewählt; aber dafür in die Ehrenkabine?

a) Gerd Neuser
b) Jiří Němec
c) Lincoln

19. Wer rettete Schalke vor der Amateurliga und wurde 18 Monate später entlassen, obwohl er mit der Mannschaft auf einem Aufstiegsplatz stand?

a) Peter Neururer
b) Sigi Held
c) Rolf Schafstall

20. Von welcher Vereins-Ikone übernahm Günter Siebert 1967 den Vorsitz?

a) Ernst Kuzorra
b) Fritz Szepan
c) Berni Klodt

21. Huub Stevens ist seit Bundesliga-Gründung 1963 mit sechs Dienstjahren auf Schalke Rekordtrainer. Wer folgt ihm mit insgesamt fünf Spielzeiten?

a) Fritz Langner
b) Diethelm Ferner
c) Ivica Horvat

22. Norbert Nigbur stand seit Beginn der Bundesliga am häufigsten im Tor der Knappen (393 mal). Wer folgt ihm mit Abstand? Die Einsätze in der Zweiten Bundesliga sind eingerechnet.

a) Ralf Fährmann
b) Jens Lehmann
c) Manuel Neuer

23. Wer schoss nach Klaus Fischer für Schalke die meisten Tore in der Bundesliga?

a) Kevin Kurányi
b) Ebbe Sand
c) Klaas-Jan Huntelaar

24. Wer entstammt NICHT der Knappenschmiede?

a) Mesut Özil
b) Leon Goretzka
c) Joel Matip

25. Nach elf Jahren spielte Schalke wieder in einem europäischen Wettbewerb mit. Am Ende schaffte man es im Europapokal der Pokalsieger sogar bis ins Halbfinale. Welcher Gegner wurde in der ersten Runde ausgeschaltet?

a) Shamrock Rovers
b) Djurgården Stockholm
c) Manchester City

26. Gegen wen bestritt Schalke 04 am 34. Spieltag der Saison 1972/73 das letzte Bundesligaspiel in der Glückauf-Kampfbahn?

a) VfB Stuttgart
b) 1. FC Kaiserslautern
c) Hamburger SV

27. Gegen welchen Traditionsverein bestritt Schalke 04 das erste Meisterschaftsspiel als Zweitligist?

a) 1. FC Kaiserslautern
b) 1860 München
c) Eintracht Braunschweig

28. Wer ist Schalkes Trainer, als im Mai 2004 der 100. Geburtstag des Vereins gefeiert wurde?

a) Frank Neubarth
b) Mike Büskens
c) Jupp Heynckes

29. Wann gewann Schalke 04 das Double aus Meisterschaft und Pokalsieg?

a) 1935
b) 1937
c) 1939

30. Von welchem Verein wechselte der Aufstiegs-Kapitän Danny Latza vor der Saison 2020/21 zurück nach Gelsenkirchen?

a) 1. FSV Mainz 05
b) SpVgg Greuther Fürth
c) FC Augsburg

Quiz-Lösungen

1 a	11 a	21 c
2 b	12 b	22 b
3 b	13 a	23 b
4 b	14 b	24 b
5 c	15 b	25 a
6 c	16 a	26 c
7 c	17 c	27 b
8 a	18 b	28 c
9 a	19 a	29 b
10 b	20 b	30 a

Zitate

„Keiner war frei. Da habe ich die Pille einfach rein gewixt."
Ernst Kuzorra

„Gott ist auch an den unwürdigsten Orten zu Hause."
Pastorin Cordula beim „Wort zum Sonntag", live aus der Arena-Kapelle

„Die Mannschaft war vor dem Spiel lebendig, aber im Spiel tot."
Domenico Tedesco

„In schlechten Zeiten sollt ihr Schalker sein. In guten haben wir genug davon."
Charly Neumann, der zu einem englischen Reporter zu seiner Rolle im Klub sagte: „I am the Maskottchen von Schalke 04."

„Wir schießen zu wenig Tore. Vielleicht heißen wir deshalb die Knappen."
Manuel Neuer, als er noch das Tor „seines" Vereins hütete

„Schalke 05"
Carmen Thomas im aktuellen sportstudio

„Ja, da habe ich gedacht, mein Gott, da rentieren sich doch endlich mal die fünf Millionen, die ich Jahr für Jahr kriege."
Mike Büskens nach einem Tor von ihm gegen den VfL Wolfsburg